康熙

EMPEROR OF CHINA

Self-Portrait of K'ang-Hsi

重　構　一　位　中　國　皇　帝　的　內　心　世　界

Jonathan D. Spence
史景遷　溫洽溢——譯

史景遷作品集 2

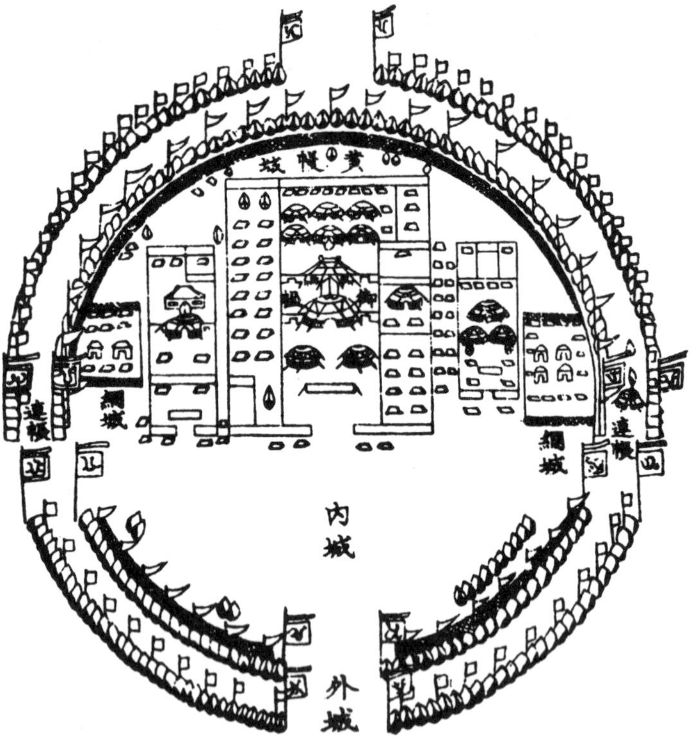
黃幄城
連帳
網城
網城
連帳
內城
外城

目次

朕

Emperor of China

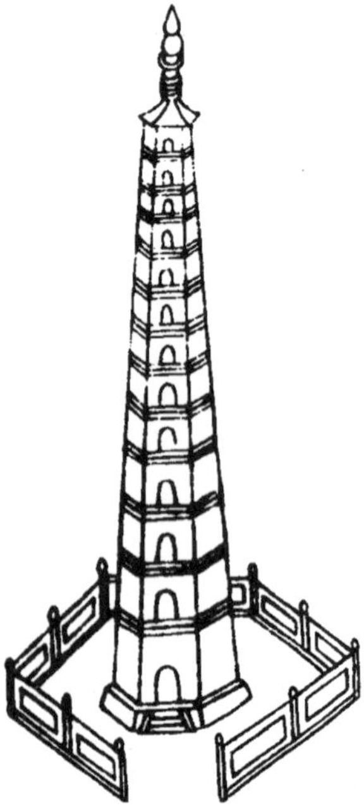

序言

康熙王朝

本書是悠遊康熙帝國世界的導覽，他是西元一六六一至一七二二年在位的中國皇帝。這趟遊歷之目的，乃是要揣摩康熙的內心世界：他憑恃著什麼樣的心理素質來治理中國？他自周遭的世界學到什麼教訓？他如何看待治下的子民？什麼事情能令他龍心嘉悅，又是什麼事情惹得龍顏勃然震怒？身為滿族征服者的苗裔，他如何適應於漢人的知識和政治環境，又是如何受到來京西洋傳教士所夾帶之西方科學與宗教思想的洗禮？

任何窺視皇帝內心世界的意圖，縱然旨在揭示他的異秉之處和人性特質，也勢必會被康熙的子民視為大逆不道的行徑。紹承大統之後，康熙便被載入一千八百餘年來帝王之家的史冊，融入中國賡續兩千年不絕的正史進程。根據官方的說辭，皇帝並非尋常之人；反過來說，假若皇帝流露尋常人的特質，這些特質也必然符合歷史記載的帝王行為模式。一旦貴為皇帝，康熙便成為俗世的中心象徵，天、地兩界的橋樑；依據中國人的語彙，「天子」統治著這「中國」。他一生大部分時間都必須耗費在儀禮上：在紫禁城內接受朝覲陛見，前往天壇祭祀，出席朝廷碩儒講授儒家典籍的講座，到宗廟去奉祀滿族祖先。若非出外巡幸，便是幽居北京城內或附近美侖美奐的宮殿，外有高牆環抱，千萬精銳鐵衛拱護。生活上幾乎每一個細節都突出他的唯我獨尊及崇榮地位，彰顯他的永垂不朽：唯有他能坐北朝南，群臣只能北面而望；唯獨他能用硃砂，群臣僅能使用黑色墨汁；他孩提時代的漢名「玄燁」兩個字應避諱，朝廷文牘凡出現「上」字均須抬頭；龍袍、龍帽是他的專屬服飾；臣民在他面前必須行叩頭之禮；甚至他自稱的「朕」這個字，也不容他人僭越使用。

諸如此類莊嚴肅穆的儀軌是歷代皇帝所共有的。有鑑於皇帝被視為隸屬天地社稷，非凡人之軀，所以有關中國皇帝的個人資料往往付之闕如。這些資料大都不見天日，湮沒在歷史舞臺的幕後。儘管康熙充分意識到帝國傳統遺續的沉重負荷，但有幸的是，他也能夠坦率又生動地表達他的個人思想，這樣的特質在大帝國的統治者身上實屬罕見。當然，這類流露私人思緒的隻字片語，必定是零星且往往支離破碎，散見於朝廷卷帙浩繁、措辭陳腐迂迴的聖諭與面諭中。然而，小心翼翼地尋索，終能清晰傾聽他藉由文字真實傳達的態度與價值觀。

就我得以重構的康熙面貌而言，本書前五章分別對應到康熙思想渾然自成的五個範疇。儘管歷史學家並不常運用這些範疇來架構他們有關制度與傳記的材料，但康熙官式活動的種種面向似乎很自然地被涵攝在某種私人、情感的框架之內。我深信，闡明本書的組織架構，讀者最終應能從康熙自己的觀點，領略他內心深處的掛礙，進而更加理解康熙這個人。

第一章的標題是「遊」，旨在建構康熙馳騁大地時的意念，以及他對於治下這個國家繽紛豐饒的切身感受。在給宦官顧問行的信裡，康熙不無自豪地提及，他巡幸四方各逾二千里（「里」是中國的度量衡單位，約等於三分之一哩）：西臨山西、陝西，北越戈壁直抵克魯倫河，東穿遼東迄達烏拉，南巡中國魚米之鄉，行至長江下游的紹興。誠如康熙所言：「江湖、山川、沙漠、瀚海，不毛不水之地，都走過。」

康熙巡遊的興味之一，在於搜羅、類比途中見聞的奇花異草、飛禽走獸，並將之收攏在各處避暑山莊和御花園，其位置均在距北京策馬可達之處：西翼的暢春園、南邊的南苑、東方的湯泉，以及建於遼東南側山陵之上、康熙最鍾愛的熱河行宮。

康熙有時為了射獵之趣而巡歷。他尤酷愛偕同皇子、御前侍衛一道同行，足跡踏遍蒙古沙漠地帶和滿洲，用箭或槍射獵飛禽走獸，垂釣也是他樂在其中的消遣。他樂於把這些技藝編纂成目錄，以彰顯滿人孕育於關外茂密山林的驍勇遺風。十七世紀之初，康熙的曾祖父、祖父，正是在此地征服滿族各大部落，在莊屯的基礎上建立集中化的軍事組織架構，或討伐、或與比鄰而居的蒙古人結盟，並贏得原居關外漢人的歸附。因此當流寇李自成於一六四四年席捲京城，晚明皇帝崇禎自縊，壯盛一統的滿人，以其驃悍的騎射之師部署於邊關，伺機而動。乘混亂之勢，滿人襲擊京城，放逐流寇，建立大清王朝，順治沖齡踐阼，成為滿人入關的首位統治者。

對康熙而言，射獵兼具逸樂與強身之效，但也是一種整軍經武的展現。康熙巡幸之時，總有千萬大軍隨行在側，藉以調教兵勇彎弓射擊、行營立帳、策馬佈陣。康熙統治期間，也是清朝領土擴張、烽火邊關之時。康熙麾下兵勇於康熙二十二年佔領孤懸海疆的臺灣島；康熙二十四年擊潰俄羅斯軍隊，弭平雅克薩（Albazin）城寨；康熙二十九年至三十九年間，長年清勦西疆及西北邊境的準噶爾部，直至康熙六十一年康熙駕崩之時，清廷仍發兵西藏。其中，與準噶爾大汗噶爾丹之間的兵戎相見，似乎在康熙心中勾勒出狩獵與殺伐交錯的景象：康熙三十五、六年間，康熙幾度御駕親征，彷彿獵人追捕獵物一般逼臨噶爾丹。與噶爾丹交鋒，或許算是康熙一生中較為暢懷的片段。噶爾丹自戕的消息，被康熙視為個人曠古未有的動業。

第二章我用「治」這個範疇來臨摹康熙的內心世界。在這個部分，我大量運用歷史檔案。每週以皇帝之名發佈的諭令有上百則。這些朝廷的文獻，只是流通於十七世紀中國龐然官僚體系中眾多公牘的一鱗半爪。但為求能理解本書，讀者僅消認識朝廷官僚體系的梗概即可。康熙時代，中國中央官僚體系主要是由京畿（以北京為主）和省級部門所構成。京畿部門歸四至六位「大學士」督導，由六部尚書與侍郎直接署理；這六部包括吏部、戶部、禮部、兵部、刑部、工部。都察院御史考課官僚的行為舉止。皇帝也有專屬的「內廷官僚」，負責掌管宮廷內務、御前侍衛、皇家田產；這個機構是由滿人、奴僕與宦官所組成。

京畿大臣督導省級官員。康熙朝大部分期間，中國劃分為十八個行省，各省由巡撫主政──這十八個省又分成六個單位，設「總督」一人管轄。省之下置「府」，府下設「縣」，由知縣主政，全國共約一千五百位知縣。當時中國的實際人口數約莫一億五千萬人，粗略估算，平均每位知縣下轄十萬人。知縣在地方皂吏的輔佐之下，負責徵課每年總值約二千七百萬盎司的白銀；這筆稅收徵集自相當於九千萬英畝的農耕地。知縣還負責執行法律與維護秩序，以及初步簡拔受儒家典籍薰陶的年輕學子。這是中國官僚體系獨步於世的特質：經府、州、縣科考錄取者是為「生員」；經省級「鄉試」科考錄取者是為「舉人」；二、三百名舉人參加每三年一試的「會試」而及第者，是為「進士」，其中佼佼者，得以高昇入帝國的儒學重鎮「翰林院」，從事研究與文藝的工作。舉人與進士大抵能在京城或各省官僚體系中歷任要津，扶搖直上。

對康熙而言，「治」意味著對整體帝國的經濟和文教結構，乃至黎民百姓的生死以及他們人格的啟發與形塑，承擔終極的責任。對康熙治理思想最重要的影響，無疑是「三藩之亂」這場塗炭生靈的內戰，這場亂事緣起於康熙十二年，其間延宕八年之久。這三位藩王分別是吳三桂、尚之信、耿精忠。朝廷為了酬庸三藩王在崇禎十七年間襄助滿人推翻明朝，在中國西部、南方賜封他們大片領地，他們在各自領地的經略形同獨立王國。康熙十二年，在與「議政王大臣會議」一番脣槍舌劍之後，康熙決定撤藩，讓吳三桂和其他兩位藩王離開他們的領地寓居關外。康熙不顧群臣的大力反對，一意孤行執意削藩，結果正如群臣的示警，掀起了一場羈延多年、民不聊生的動盪，幾乎葬送了康熙的王朝。

雖然亂事在康熙二十年終告平定，但康熙仍以三藩之亂為炯戒，為他的率而定奪深感自責，並常以此事為殷鑑，申明睿智的決策是何等困難。黎民百姓在動亂期間的哀鴻遍野烙印他的心頭，就如同兵勇的拖沓一樣令他勃然動怒；於是在叛亂敉平後，康熙對領兵興亂的首酋嚴懲治罪。不過，康熙是依大清律例之叛亂刑責裁奪定罪，而非乾綱獨斷。康熙對死刑案件的普遍關切，提醒我們中國人的斷案並非恣意妄為：大清律例精緻細膩，為各級朝廷命官提供審判時法條解釋和訴訟程序的依據。（類似的管理措施，也存在於一體化、標準化的繁雜課稅機制。康熙五十一年，康熙諭令凍結「丁」稅的稅額，作為後代稅賦的定額標準，以彰顯中國國力的昌盛，並抑止朝廷揮霍無度的開支。）

第三個範疇是「思」。在這一章裡，我們走出皇帝踐行和常理的世界，轉進他在面對史無前例的現象時難以捉摸的反應。根據康熙的認知，成功的思想有賴於心靈的開放和彈性因應。這有別於正統理學家所標榜的嚴守知識法度，揚棄無謂的冥思空想及對道德統整性的堅持。康熙對理學家的學說，自然大表推崇、身體躬行，儒家典籍也能琅琅上口，宋朝大儒朱熹的「格物」之理信手拈來，一如他頻頻徵引陰陽法則和《易經》之說；但康熙還稱不上是學識淵博的哲學大師。相反地，康熙的特質在於求知欲旺盛，始終浸淫在探索萬物生成與變化之道。終其一生，他在不同的階段對幾何學、機械學、天文學、繪圖學、光學、醫學、音律、代數都表示過興趣；在這些和其他學術領域，推動工程浩瀚的學術和百科全書計畫。他在造訪孔子故里和墓地時的表現，可見他即便在莊嚴肅穆的禮儀場合，也毫不掩飾他對知識的渴求；在與羅馬教廷特使的對話裡，我們也可以發現，康熙縱然大發雷霆，也無礙於他對新知的探究。

這位羅馬教廷特使多羅（Maillard de Tournon）的頡頏，令康熙左右為難。自御極以來，康熙即對耶穌會傳教士賞識有加：他對耶穌會傳教士在力學、醫學、藝術與天文技藝的造詣推崇備至，並延聘他們到宮廷主持幾項工程。耶穌會傳教士的製圖家勘繪中國地圖，耶穌會傳教士的大夫於康熙巡幸時隨侍在側，耶穌會傳教士的天文學家在朝廷曆局裡供職。舉凡南懷仁（Ferdinand Verbiest）、安多（Antoine Thomas）、徐日昇（Thomas Pereira）等耶穌會傳教士均位居要津，深受康熙寵信，這全有賴於這批耶穌會神父博學多聞，唯康熙之命是從。但如今多羅捎來訊息，披露羅馬教宗有意欽命一位深受教廷信任的專家為駐北京特使，俾以捍衛教宗的宗教權益，確保中國的「異端」毒素不至於漸次玷汙在華的禮拜儀式，並嚴加約束在華傳教士的行止。康熙的回應態度堅決，在道德和宗教領域，他必須維護中國皇帝的傳統權威：他要求耶穌會傳教士臣服於他，只能由他們當中他所稔知、信得過的人來監督他們。康熙告訴耶穌會傳教士及其他教會的神父，他們唯有「具結」申明他們了解、接受康熙規範的祭祖祀孔儀禮，才得以續留中國。拒絕簽署保證的人將被逐出中土。同時，康熙也斷然否決了教宗在北京派駐個人使節的要求。

康熙將過去視為懸而未決的問題；因此，他對於當今所謂的「口述歷史」深感興趣，執意廣蒐博採各方資料，編修前明歷史。為了這項計畫，康熙延攬了一批仍眷戀前明皇帝的異端宿儒，這些人士視滿人為篡奪江山社稷的外族；為了延攬這批儒士編修明史，康熙還破格特開「博學宏詞」科，充分展現了他的彈性與機敏。但是康熙的寬宏大度並未推及斐然出眾的散文大家戴名世。縱然戴名世只是在為前朝著書立說時，嚴守隨心所欲探索歷史這一原則，他還是因文字獄遭康熙諭令處決。康熙的思想終究難以超脫政治的藩籬。

但政治同樣無法踰越肉身的侷限，第四章「壽」這個範疇，企圖刻畫康熙是如何意識到肉體的孱弱，並將這樣的體認轉化為對飲食、疾病、醫學及追憶的癖好。令人詫異的是，康熙竟然公開自曝生理與心理的耗弱——顯而易見，這在某種程度上起因於他意欲博得眾人的同情，並在千鈞一髮之際爭取眾人對他的擁戴，但誠實也是康熙重視的美德。在康熙統治時代的中國，敬老與孝道乃是高度儀式化的行為，必須在某些特定場合透過獨特的儀式、態度來彰顯。或許是自幼雙親俱亡的緣故，康熙時常悖乎尋常地公開流露對祖母與兒子胤礽的情感；從殘存的零星信箋裡可以窺知，康熙這種摯愛之情，無論是公開或是私底下都顯得表裡如一。康熙對於病灶十分敏感：他知曉身體衰弱的跡象是難以遮掩的，但也深知求助醫療之道來克服身體衰弱是人之恆情（若是可行，乞靈於宗教、方術也未嘗不可）。康熙時代的中國，靠著汗牛充棟的診療處方及詳盡藥典的醫療行為，是高度專業化的行業。康熙固然深知肉體之軀終難擺脫日漸羸弱的陰霾，但一如在其他自然科學的領域，這位皇帝也一時興起、沉緬其中，滿足獵奇的欲望。

康熙唯一能抗衡肉體之軀滅亡的是名留青史、垂範萬代。康熙共生養五十六個皇子；其中只有一子是皇后所生，康熙對於這個皇子胤礽寄予殷切的厚望，溺恤有加。胤礽身為太子，受到悉心栽培。但集三千寵愛於一身的胤礽，終難跳脫宮廷拉幫結派的腐敗生活糾纏，滿人貴族的世襲階序因而被打亂。滿人軍事制度是康熙的曾祖努爾哈赤在遼東一手創建的，由名為「旗」的八個軍事單位構築而成，康熙統治年間，八旗制度依然分別由大權獨攬的豪族將領操控。這些將領挖空心思博取皇太子的歡心，他們的圖謀遍及各級滿人官員，甚至漢族封疆大吏也難以置身事外。派系政治構成了第五章「阿哥」的主要內容。

康熙藉助富甲一方、權傾一時的叔父索額圖之力，於康熙八年挫敗了飛揚跋扈的攝政王鰲拜。三十四年後，康熙未經審判即將索額圖投進死監；又五年之後，索額圖的六個兒子也踵繼其父後塵。京城步軍統領托合齊及一干心腹等，也於康熙五十一年遭處死。康熙晚年連番激烈的爭鬥與苦悶不堪的諭旨，引領我們通向愛恨交織的曲折世界，他的殷殷期盼顯然已大大落空；一個向來睿智、幽默的人，瞬剎變得既歇斯底里，又冷酷無情。康熙曾暗示自己恐有遭暗殺之虞，還一度揣測愛子胤礽耽溺於斷袖之癖，這點尤其令他生厭：他下諭處死到過胤礽宮邸的三個膳房和若干侍童，密令暗中追查牽連江南鬻童案的「第一等人」，要他的心腹侍衛作證表明永保皇家軀體的「至潔」。但諸如此類的其他事件大抵純屬含沙射影，在「阿哥」這章裡，我們將超脫歷史檔案的記載，深入康熙絕望的內心世界。

在風格、架構方面實驗良久之後，我決定透過康熙之口、以自傳體的形式來剪裁前述各項素材。不過，無論就統整我所蒐集到的零散資料，傳達康熙的率性而為，或勾勒他在公開及私下場合凝思中自我審視的起起伏伏，採用這種自傳體形態似乎是最佳的嘗試。（在這方面，現今有幾本上乘的歷史小說，特別是尤斯納（Marguerite Yourcenar）撰寫的《哈德良回憶錄》（*Memoirs of Hadrian*）；在本書中，我盡可能忠於史料記載的康熙語言，僅摘選能真實呈現康熙觀點的用語、詞彙、段落，而不刻意加油添醋。在「註釋」裡，我將一一標明徵引的出處。）由於因緣湊巧，以及皇帝本人性格使然，為後世遺留下豐碩的史料，對我這項智識重建的工作裨益良多。身為滿人的康熙，青少年即學習漢文，他那簡潔流暢、坦率抒發的筆觸，相較於具備豐富語言學養而縱情於綺麗浮誇、好用典故之文學風格的文人（或者皇帝），顯得獨樹一幟。康熙沖齡時即受制於攝政王的淫威，使得他與祖母及一班侍衛、大臣異常親近，甚至對像顧問行少數幾位宦官信賴有加。康熙習慣不拘形式地給這些人草擬信箋，一九一一年清朝覆亡之時，清宮裡發現了數百封以漢、滿文書法撰述的康熙信箋和斷簡殘篇，本書在「附錄一」附上其中十七封寫給宦官顧問行的信函。透過這些信函，我們得以一窺康熙私底下口語化的風格；捕捉康熙的語言神韻，瞥視康熙心緒的翻騰和糾葛。這是皇帝思緒須臾間的紓解，通常未經大學士的潤飾，所以能任想法恣意騁懷。在朝代更迭循環的常態下，這些逃過一劫、因機緣巧合而遺留下來的史料，或許可能會因肅穆的「正史」編纂、校勘、付梓而銷毀殆盡。但是，一九二〇、三〇年代肇建的中華民國，有批學者不畏帝王身上的歷史塵埃，竭盡所能地搜羅這些斷簡殘篇，予以付梓出版。

至於平日經緯國政的編年史，即所謂的「實錄」，就如同清代其餘諸位皇帝一般，也存在於康熙朝時代。「實錄」的記載通常鉅細靡遺，且高度形式化，但康熙倡議簡潔扼要；同時也因為康熙在評斷、講課、抱怨、勸誡時口語化的特質使然，我們可以發現康熙王朝「實錄」的篇幅有所節制。（康熙在位六十一年，依據西方人的算法，總計約有一萬六千頁。）終其一生，康熙共諭令刊印了他三部著作全集，縱使其中不乏可能出自御用文人之手，而非皇帝本人親手所作的制式化文章，但這三部全集包羅了「實錄」不曾收錄的諭旨及迷人詩作。康熙還發展出一套「奏摺」制度，是一種秘密通信的方法，官員透過奏摺可以直達天聽，無須輾轉經過官僚體系；康熙親筆批閱密摺，蓋上個人用印後再將奏摺送回原來上摺子的人。許多有康熙批覽的奏摺倖存至今，其中九冊甫由臺灣的故宮博物院影印出版；此外還有許多滿文密摺尚待校勘。這些等同朝廷日誌的「起居注」，揭示了皇帝經世濟民的獨特觀點，其中有部分也已經付梓。至於康熙的道德觀及種種追憶，則由他的皇子暨皇位繼承人雍正皇帝集結成冊（即《庭訓格言》），於雍正八年間刊刻印行。除此之外，透過康熙時代出使中國的西洋傳教士，以及供職於康熙王朝的耶穌會傳教士的就近觀察，也可以補充上述史料。

再者，更為詳盡的交叉比對資料，也可見諸於康熙時代文人、官吏所撰寫的零散但浩瀚的文章和年譜。有鑑於康熙時常巡遊，鮮少維持寡言靜默，也接觸過形形色色的人物，其中有許多人都披露了個人的觀感。他們往往心生伴君如伴虎的畏懼，但也有少部分人是例外的，譬如孔尚任、李光地、高士奇、張英的著述，包含中國史料中向來鳳毛麟角、但在西方史學界卻俯拾皆是的貼身觀察：亦即熟稔宮廷生活奇譚異誌的男男女女所寫的書信、日記、回憶錄，見聞廣博，甚至流於閒話家常。皇帝無遠弗屆的權力，編纂正史所使用的架構，以及羅織文字獄的陰霾如影隨行，都使得這類實用素材在中國付之闕如。

蘊含在這些章節編排順序中的是一種編年脈動的概念：始自身強力壯、果敢行動、思慮縝密，乃迄於裝腔作勢的姿態、垂垂老已的落寞。就此而論，本書幾乎是一本自傳。但從另一種角度觀之，前五章無非是第六章的延伸解釋，而第六章則完全迻譯自康熙本人於康熙五十六年草擬的〈臨終諭旨〉。康熙透過這份諭旨主要想表達他的內心思緒。幾個月後，當有官員諏詢康熙是否還另有諭旨要頒佈時，康熙雷霆大怒地說道：「朕繕寫一生之事，已備十年。朕言不再之語，已盡之矣。」依據我們的標準觀之，這份〈臨終諭旨〉是篇短得令人費解的小傳，但康熙並無撰書帝王自傳的祖宗典範，就當時的標準而言，十六頁的漢文已是康熙王朝史無前例最長的諭旨了。設若這份諭旨讀來似有遲滯窒礙之處，且怪異地揉合了陳辭濫調與真摯情感，這可能是因為我們缺乏對康熙的了解，而非康熙無能認清自己。（這份〈臨終諭旨〉，恰巧可和康熙賓天後所公佈較為千篇一律的形式化遺詔作一對照。詳見「附錄二」。）因此，本書前五章也可視為康熙用自己的語言進一步闡釋自己這幅晚年速寫。

這種觀察角度容許讀者設定不同的時間結構來解讀本書。本書各部分不僅橫跨了康熙公佈〈臨終諭旨〉前六十三載的生命歷程，也可壓縮在〈臨終諭旨〉公佈前流逝的一個小時。康熙五十六年十一月二十一日，西元一七一七年十二月二十三日，康熙草擬這份諭旨準備向群臣宣達之時，過往回憶一一浮現。這時接踵而發的事件，令他非比尋常地意識到死亡與歷史定位：嫡母孝惠章皇后日薄崦嵫，他本人苦於眩暈也已有一段時日，雙腳腫脹疼痛不良於行；眾阿哥之間因覬覦皇位繼承而蓄積已久的激烈派系鬥爭，又告死灰復燃。因而本書也試圖闡釋記憶超越時間侷限的巨大力量，嘗試刻畫只消頃刻間集中意念便能喚醒的難得事件。

普魯斯特（Marcel Proust）在《追憶逝水年華》（*Remembrance of Things Past*）一書的結尾處寫道：「一小時不單只是一小時，它是滿載芬芳、聲律、計畫和心境的花瓶。」他繼續說：「我們所謂的真實，是瞬剎間同時縈繞你我的感受與記憶間的某種和諧。」過往雲煙徒令歷史學家黯然神傷，因為他們自知永遠無法填滿這個花瓶；縱使他們能夠，斷簡殘篇的史料也難以捕捉住這「某種和諧」。

儘管黯然神傷，這並不意味從此就得改弦更張，我超脫語言、時間的桎梏，述說康熙的豐功偉業，進而認識康熙這個人。

遊

I In Motion

鄂爾多斯行圍，雉兔甚多[1]

地敞沙平河外天，合圍雉兔日盈千。
籌邊正欲勞筋骨，時控雕弧左右弦。
——玄燁　康熙三十四年

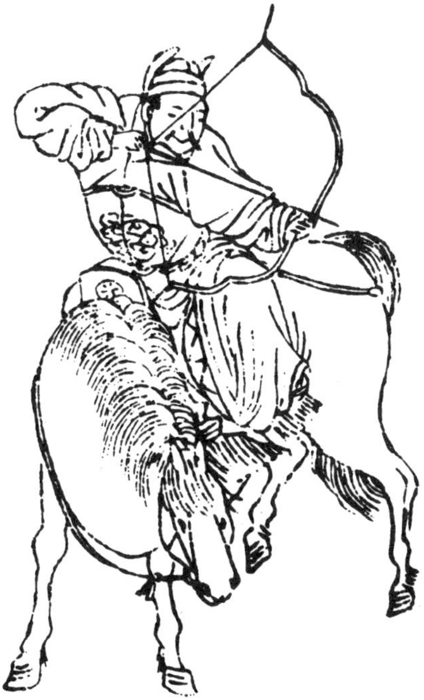

第一章

遊

塞外極遠處生長一種罕為人知的白雁，霜未降時始飛入內地，邊關守將視之為霜降徵兆。朕將之豢養於暢春園水塘側，任其飲啄自如。

春季時分，鄰近白雁處，孔雀、白鷳、鸚鵡、竹雞，及其大如拳的小鶴，各有所寵。麋鹿、麅馴臥山坡，若以竹篙擊之，麋鹿、麅徐起立視，絕不驚躍。園內所種玉蘭、臘梅歲歲盛開，牡丹國色天香，絳桃、白丁香一望參差，黃刺梅嬌豔欲滴。葡萄架連綿數畝，有黑、白、紫、綠諸種，皆自哈密進貢。[2]

朕自幼即喜觀稼穡，各方得來之五穀蔬菜種籽必種之，以觀其收穫。朕巡視南方時，將江南香稻暨菱角帶來栽種，怎奈北方地寒，未能結實，但朕親視栽植之綠竹，培養得法，故能長大幾許。[3]人蔘[4]種植院中盆內，寧古塔所產滿洲名「宜而哈木客」[5]之果，今零星栽於熱河，異香滿院，風味頗佳，不讓於閩、粵荔枝。傅爾丹將軍進貢青稞黍種[6]，已植於暢春園、湯泉。

鄰近京城之皇室林園丘壑間，及設於南苑、湯泉、暢春園內之圍場，每每行圍狩獵。野豬困於泥淖之中，架鷹牽犬合圍雉兔；縱虎出閘，誘之以鈍矢，鳥槍射獵，或提槍刺之。星夜下，臨摹田獵，口哨、雜技、歌舞、絲竹聲聲不絕。煙火炫目，騎師手執紅藤蔓，舞動「藍火舞」，粲然燈籠，愈轉愈小，星羅棋布，連綿如縷。火矢沖天，繽紛奪目。林園美侖美奐：泉湧潔淨，綠草萋萋，山巒疊翠，湖光粼粼。[7]

遠邁長城，水土甚佳，令人神清氣爽：離開坦道，深入不知名國度；迤邐群山，[8]「蓊蓊鬱鬱」。[9]往極北行，視野天闊，目窮千里；鬱悶胸懷，霎時騁懷自若。甚或盛夏時節，樹積寒露，林葉初黃，彷彿九月暮秋。沁涼黎明，須著皮襖禦寒，然京城正值酷暑，朕自是不願命太監領嬪妃出宮，迎朕返京。[10]

塞外遍植橡樹、白楊樹、山毛櫸樹林，以及野梨樹、桃樹、蘋果和杏樹。策馬漫遊，俯拾可得滿洲名為「烏納拉」的甘梅，其色淡紅恰似櫻桃，熱河所產櫻桃則有紅、白種，酸櫻桃色味俱佳；可撿拾初落榛實，或於山中野燒山核桃。[11]茶[12]置於懸吊兩馬間的火盆，以初融雪水烹煮。朕親網鰱魚、鯽魚以供晨餐，若浸以羊脂或鹽醃，即可馳送京城食用。[13]至於肉，可在向陽山脈處，張幄炙烤；或可取甫宰殺的雄鹿肺，親手烹調（縱使下雨亦無妨），沾鹽、醋大快朵頤。[14]在遼東，亦可享用御廚珍視的極品——熊掌。[15]

朕於騎射、哨鹿、行獵等諸事，皆幼時習自侍衛阿舒默爾根：阿舒默爾根直言稟奏，無所隱諱，朕迄今猶念其誠實忠直，未嘗忘也。朕自幼至今，凡用鳥槍弓矢，共獲虎一百三十五、熊二十、豹二十五、猞猁猻二十、麋鹿十四、狼九十六、野豬一百三十二，哨獲之鹿凡數百。其餘圍場內，隨意射獲諸獸，不計其數矣。常人畢生射獸之數，不及朕一日所獵。[16]遼東當地佐領那柳不勝驚異，奏曰：「未見日獲如此多鹿者，實乃『真神奇也。』」朕曰：「從來哨鹿行圍，多所殺獲，何神奇之有？」[17]朕於日出前二時離開御帳獵鹿，日落後二時歸返，僅晌午小憩片刻。朕嘗日獲鹿三十六，甚與獵夫合圍哨鹿一百五十四。[18]

朕持鈍矢[19]獵鹿，俾以鍛鍊臂膊。或乘三槳船，於淺湖處，以鳥槍射獵水鳥。或於月色中，火炬通明，追獵羊群。朕命獵夫追趕野兔至河岸處，俾朕於舟上發矢射之。朕放鶻鷹獵補鵪鶉、野雉，或以箭射之。朕嘗領二百舟船，於北吉林水域，遍尋鱣魚，並乘駱駝所負之摺疊船，至山中溪澗垂釣。[20]

自五臺山返京時，朕嘗於長城南方，瀕大溪行，裂岸驚濤，與馬蹄聲相激，有一虎伏於道旁灌莽之間。倏忽，縱登山腰，復躍至平陸，朕窮追不捨，援弓射殪。在關外，有一虎睡臥於山下，驚聞鳥鎗聲，一縱而起，朕隔溪澗發矢，虎應弦倒斃。[21]兩天後，朕射殪一豹，再二日，朕又鎗殪二大熊。[22]朕與喀喇沁王行圍時，發一矢，射穿兩黃羊，眾隨侍無不驚異；朕解釋，此係借黃羊跳躍之勢，故能一箭雙羊。[23]弩箭固能射遠，然不得準貫，彈力亦微，不如反曲弓；平日作玩具可，但實際應用之時不足恃。[24]人寧用鳥鎗而不就弩箭，而用鳥鎗火藥最宜小心——一兩火藥，可轟動二三間房屋，如一斤，則其力難以言喻。對此，朕知之甚詳。北巡之時，朕諭令於深谷演，崖壁頓時迴聲大作；另一次京城附近演，朕將聲喻為雷聲。霹靂通常不出百里（誠如《易》云：「震驚百里。」），若悶雷，不過七八里也。然聲，竟可聞於二三百里之外，朕令於蘆溝橋試，天津皆可聞之。[25]

一日，過龍泉關，朕令隨侍停駕，連發三矢，直逾巖頂。[26]又，皇長子胤禔、皇三子胤祉隨駕策馬而行，至海拉蘇臺河，途經名喚「納哈里」險峰，朕率文武諸臣依序仰射。除朕之外，惟侍衛桑革、納拉善得射過峰頂。朕諭令易名是峰。漢人稱此峰狀如浮屠寶塔，滿人舊稱「納哈里」，意指其形若搖晃之大袋，貌似鹿之內臟；朕遂令更其名為「哈哈達」，即「宛如獵網之危崖」之謂。[27]

朕嘗云：「田獵原為遊豫，今日睹傷人若是，何以獵為？」昔日滿人多為徒步行圍，常為虎爪所傷。將軍都統不以為意，視之為尋常，朕遂深責之。朕自此永行禁止徒步行圍，將軍都統怠忽人命。[28]若射界模糊，又有虎隱伏草叢間，朕即令隨侍退，放犬追獵。犬頸戴金色項圈，飾以紅色流蘇，圍虎跳嗥，人即知虎所在也。犬不畏虎，隨吠其後，齧其尾，虎怒逐犬，遂出平陸。[29]圍獵自有危殆：朕之坐騎嘗有失蹄，令朕墜馬而下。隨侍哨鹿時墜馬，其箭射破朕耳。[30]亦有因馬失蹄而負傷者：王墜馬傷重，乞請辭官還鄉，朕遂遣侍衛兼具高明醫術的召邦，照料王。[31]

南懷仁即因墜馬而歿，[32]欽天監曆官穆成格（Mucengge）亦落馬身故。[33]朕閱太原城官兵騎射時，有一兵丁乘馬驚嚇，漸近朕來，幸賴傅爾丹疾行趨前，勒止其馬。[34]

未有不善於馭馬而能精於騎射者也；騎射之道必自幼習成，抑且不憚乘騎。十餘歲能縱馬馳騁，成年後即馬上純熟，善於控制。[35]至於馬，族人令薩滿巫師，立於五對白馬前，馬首朝西，緊挨二十七棵聖樹，上掛有紙紮牲禮，高聲祝禱：「上蒼，蒙古諸公、滿族眾王，吾等向爾乞祝，保佑吾馬飛馳。願爾等神力，賜吾馬奮蹄揚鬃；奔馳如餐風，色豔如飲霧；飽食芻秣，體魄健壯；細嚼慢嚥，延年益壽。保佑吾馬飛躍壕溝，懸崖收蹄，免於遭竊。眾神啊，保護吾馬；神靈啊，保護吾馬！」[36]

蒙古人、滿人於塞外狩獵之時，其騎射之技令人歎為觀止、啞口無言。精於騎射者，如雲屯風生，人馬合一，上下如飛，彎控追禽，發矢必中。觀之令人心目俱爽。善馭馬者逐獸，馳驅應範，遠近合宜；良驥近獸遠獸，亦知人意之所向。故精於馭馬者，不擇馬之優劣而乘之，惟見其佳。蓋人能顯馬，馬亦能顯人。[37]

行獵雖係習武，亦為整飭軍令之事：一班獵人依軍令行事，而非為行軍之便或家族偏好。[38]古人為求習武，一年四季出獵，若此則人勞，禽獸亦不得遂其生，故一年兩季出獵為宜：春日水獵，欲人習於舟楫也。秋日出哨，欲人習於弓馬也。若此則人不勞，而禽獸亦得遂其生。[39]圍獵之制，貴乎整齊森嚴，親王大臣近侍非得旨，不敢在圍場發一矢，不敢出入參差，左翼軍官在左，右翼軍官在右。校閱兵丁，以旗之所向為分合：吹螺擊鼓，諸軍齊進；鳴金發號，眾將止行。如是反覆九回，第十次鎗齊發。安營紮寨亦復如此。森嚴環行，以朕之御帳居中，圍之黃旗大纛；後有七尺高之粗繩網；之後為侍衛營帳；最外圍乃隨侍及兵丁營帳。[40]

塞外情形，必身歷其境，乃有確見。行軍之道，調軍轉餉，必由一人兼綜，事乃易成。不可臆度塞外，昔明代之時，甚或當今，漢臣俱未深悉。[41]康熙三十五年征伐噶爾丹時，博霽、孫思克等將軍以為僅專管軍務，不涉與糧餉轉運之事。翌年，朕自白塔北行，猶見有遺骸，皆兵丁困餒，致使道有餓殍，遂令沿途掩埋。[42]

供水之事，至關重要，若有差池，斷不能輕饒。康熙三十五年，朕遣戶部侍郎思格色掘井。然其人昏憒，朕問一井供飲人馬幾何，思格色竟不能對。朕著思格色革職，充卒伍，從軍效力。[43]水之輕重，各地有異，雖處「戈壁」瀚海，亦能所獲。

戈壁可得之水有四：一種名謂「善達」，掘二尺可得之；一種名謂「塞爾」，掘一尺可得之；「步力」，水不好；「演布爾」，只用手去沙，即可得之。悉心估算，可知井下冰封，可先遣兵丁疏鑿。故行軍一千九百里，雖不見河流，猶可存活。[44]

我等時居塞外，常飲河水，平時無妨；然夏季久未降雨，山泉蓄積雜質，降雨之後，水泉混雜，以致瀉痢，且多損人而不知也。行軍之時，切勿取飲道旁溝壑之水，飲之易得霍亂之疫。若遇不到好水之處，可蒸水以取其露，烹茶飲之。[45]

出外行走，駐營之處最為緊要。我朝舊例，忌諱回原立營之處。夏、秋間，當慮雨水，必覓高原，凡近河灣及低窪之地，斷不可住。冬、春間，應思星火燎原，但覓草稀背風處。若不得已而遇草深之地，必於營外周圍將草刈除。「凡事豫先伺候」才是；時近冬至，陽氣初生，多風多燥之際，必小心火燭。久旱必多水災，務須留心觀察水道，避開險地，山洪似可一夜驟發而至。[46]

朕查歷年「晴雨錄」，雖各省不同，惟初八、十八、二十、二十二、二十四無雨日頗少。如初九至十五，見月則不雨。倘雲盛蓋月，即成霪雨，非數天不可止矣。

朕每嘗觀風向：四季，西南風皆罕見；西北風俗稱「客風」，不過三、四日即轉向；

東南、東北風，俗亦稱「雨風」。觀雲僅能預知半日天候，連陰之時，難知天晴，亢旱之際，難知其雨。[47]白日長短各地有異：黑龍江位處極東北之地，日出日入，皆近東北方，所以黑龍江夜短，日落亦不甚暗。[48]

朕常立小旗占風，並令直隸各省，凡起風下雨之時，一一奏報。朕亦嘗取測日晷表，親筆畫示正午日影所至之處，置於乾清門正中，令諸臣一旁觀察。至正午之時，日影與朕親筆畫示之處吻合，毫髮不爽。朕於朗朗晴空星夜中試測方位，並取南懷仁為朕備妥之星圖報時。[49]諸臣皆不盡諳二十八星宿，於是朕闡釋成對居於獵戶星座之參、觜星宿，及天文地理相合之道。[50]朕知中國山脈，皆由崑崙山脈而來，彼地四面有江。進而推算，赤道四十五度之南，水皆向南而東流；四十五度之北，俱向北流。[51]

行圍狩獵一如行師征戰，務必照料隨行大臣、人員。天氣炎熱之時，戶部、工部當沿途備冰水、梅湯、香薷湯，以供眾人之飲。若雨雪交作，朕即遣御前侍衛以駱駝載帳房及食物、柴炭，賜輓車未至之人，令其棲息炊事。朕亦不忘讓隨營貿易之人，飲食不乏。[52]朕思商賈之人等遇河涉渡，河水已寒，乃命侍衛與之共乘一馬渡河。[53]朕對於引路、探信、牧馬、掘井之人，若甚為效力，誠屬可嘉，必重加獎掖。[54]天氣陰晦，恐即有滂沱大雨，朕即傳諭，各將馬匹，悉心照料，加意蓋護。走遠路，行數十里，馬既出汗，斷不可令之飲水。若飲之，馬必得殘疾。駐營時，朕必令人詳審水草，或有乏水處，則鑿井開泉，蓄積澄清，務使人馬給足。若有乏草處，羊吃飽了馬才得吃，才能徒步行圍。[55]

朕亦傳諭：行師所過地方，不得擾害居民。嚴禁掠奪馬畜，蹂躪田禾。在營休息，不得擅離營伍；按旗隊依次前進，不得零星散亂；毋酗酒、毋喧嘩、毋呼叫；入村莊，不得強取一物，不得侵犯男女村民。[56]

康熙三十五年，朕首度御駕親征噶爾丹。拂曉前五鼓起寐，天寒料峭，即撤營，上馬就道；十一時紮營，每日進膳一餐。然朕仍須嚴加督促。啟行時，朕見炊煙甚多，軍士尚在營中休眠。如此怠惰，恐致使行李羈遲，嚮導、駱駝隊延宕，軍士人等不得及早安營。行軍時，朕作息簡陋，不墨守儀禮成規，凡有坐騎過朕面前毋須下馬；飲食一如行圍狩獵，僅簡便烹調獵得之魚等；或置身牧者營帳內，飲乳酒，閒話家常。[57]某回，膳房僅備肉肴，竟忘攜帶飯食，諸皇子及近御侍從，俱欲鞭笞之。

然朕曰：「彼無心，偶忘攜帶耳。此乃小事，可寬宥之。」[58]於邊關小鎮，朕常趨緩通行，讓百姓觀者無禁，得以目視天顏；或讓百姓圍觀，親睹朕進膳，並賜以粱肉。[59]

於各處行伍中效力之人，朕常喚來與之談論。蓋因我朝太平已久，今之少年於行兵之道未嘗經歷，須問行軍之舊人；或有年邁解任之將領，欲再往軍前竭力報效朕；或召前將士之後，親賜酒飲。[60]在校場練習射箭之時，朕常暗記箇中翹楚，召之於朕跟前再行演練，垂詢是否嘗有先人、親戚歿於征戰，倘有，朕旋即拔擢。[61]朕時常以官軍設想為軫念，選擇狩獵處所，寧捨水草佳、獸類多但無柴薪之處，而就獸類一般、但柴薪充足之地，蓋因柴薪窘急，朕豈能令近侍官軍忍飢行走乎？[62]朕力促駐地官兵甄拔神射手，與朕之侍衛較量高下，所用皆為「硬弓」；或者交替放鳥鎗與射箭，所練習科目有馬上放鎗、有跪而放鎗、有仰臥而放鎗，朕亦展現左、右開弓之本領。[63]朕親試武舉，考課其步射、騎射，兼及為文功力，以定其次第優劣。[64]朕謂：「兵丁不可令習安逸，惟當教之以勞，時常訓練，使步伐嚴明，部伍熟悉；[65]令兵丁仿朕年幼種痘之方，出痘以防天花；[66]令官軍俱習水性，縱使習之未精者，攀爬或捕魚皆毋須牽掛。[67]

邊疆天寒料峭、潮溼、荒涼，戈壁瀚海一望無垠，惟有野騾黃羊，杳無人煙、無屋舍、無飛鳥。朕曾親眼目睹，邊疆百姓以山核桃作粥而食，若時屆冬春，怎知何以存活；牲畜羸瘦，目前尚勉可支持，但終究難存。[68]備師剿寇務必熟籌。康熙三十五年出兵討伐噶爾丹之前，朕著八旗滿洲、蒙古、漢軍眾將，於各旗聚議，商討噶爾丹軍之動向，我兵如何部署，議定，由本旗陳奏。朕認為，可派西安、寧夏滿、漢兵，從西路揮師，京師兵穿戈壁從中路進軍，議政王大臣會議應核算隨師口糧，所需駱駝車輛及廝役之名數等，據其估算，西路軍一萬零七百九十名，中路軍八千一百三十名——每兵給馬四匹、廝役一名、各帶口糧八十日，每人每月給米二倉斗（礮手例外，兩名共用一名廝役）。[69]

朕以為，自我太祖、太宗、世祖至今，野戰必勝，攻城必克，特規酌舊制，參以新謨，統以如下軍令告我全軍：凡兵之盔尾甲背，及戰矢之幹，各記名其上。馬烙以印，鬃尾處繫以小牌、書旗，分佐領姓氏，以為記號。毋酗酒、毋喧嘩、毋呼叫，不遵者，該管官即行補責。掠奪馬畜，擅離營伍，從重治罪。紮營務按旗列幕，不密不疏。出哨，勿舉火、勿攏帳，其馬備鞍以待，必張弓、束服，並解甲囊以備。如衣服器械有異者，即行擒拏。若無寇妄報，或寇近不知，以致傳報稽遲者，立刻正法軍前示眾。駝馬須擇水草善地牧放。搜察遺失駝馬，審其印烙牌記，各交原主。其疲乏者，即就近地方官、或村莊居民、或蒙古處，交於飼養——因其疲乏而委棄宰殺者，嚴治以罪。大軍凱旋時，凡軍器不得售買或存留與諸蒙古，違者從重治罪。凡大兵存駐，毋令閒惰，每日較射，磨礪器械。[70]

自康熙三十五年春出兵京師，朕告祭天地、宗廟、社稷，務期剿滅噶爾丹而還。自兵丁以至廝役，無不思滅噶爾丹。然如何作為，眾說紛紜，朕諏詢眾將陳議，特遣侍衛馬武、侍讀學士喇錫商議，得七種謀略。朕最終統整鄂扎、呑珠、索額圖之籌謀，宜遣使諭竄伏克魯倫河之噶爾丹，使之方寸大亂，朝西逃竄，引噶爾丹與自寧夏行軍之費揚古師遭遇。[71] 朕熟計噶爾丹情形久矣，故知此乃上上策也。二十年前，靖逆將軍甘肅提督張勇疏言，其秘察噶爾丹莽撞但優柔寡斷，其人之年齡、家庭概況，啟釁穆斯林，以及性好酒色。自此，朕即留心噶爾丹之為人狡詐、指西向東，過於自負，素無遠識，信人誑言。[72] 朕遣使諭曉噶爾丹後，派哨兵偵搜噶爾丹軍之炊煙，追蹤該軍移動之牛蹄、馬糞。俟噶爾丹竄逃，我軍應旋即追捕，重新整兵，留下步行廝役、羸瘦馬匹，留滯後遲緩之綠旗兵築壘紮寨，留置重礮，著領侍衛內大臣馬思喀為平北大將軍，領軍追剿。[73]

待朕於克魯倫河靜候馬思喀音訊時，奏皇太后書曰：「我軍追逐厄魯特凡五日，見其所遺佛經、帳房，所自殺婦人、稚子，及疾病之人，釜鬲、釀具、網罟、甲冑、鞍轡、衣服、食用、木器，並在釜之羹，在革之酪，盡其所有貧窮度日之物，率皆委棄。」[74]

噶爾丹自我軍包圍中兔脫，於昭莫多遭逢費揚古師。兩軍於三十餘里內交戰，自未至酉，鏖戰四時。雖斬殺厄魯特族逾二千人，惟噶爾丹引數騎遁出。[75] 嗣候，從降人口中得知詭譎奇說：五世達賴喇嘛圓寂九年，第巴祕不發喪，恐嚇五世班禪喇嘛附和之（譯按），並假五世達賴喇嘛之名卜云：「噶爾丹東行吉。」[76] 是年秋天，朕領軍西行歸化城，賜喀爾喀族各親王，並親訪喇嘛廟，賜駐廟喇嘛。[77]

噶爾丹再次兔脫，翌年春，朕三度領軍西行寧夏追捕噶爾丹。山西道御史周士皇奏疏：「小醜已極困窮，計日就戮。請御駕不必再臨沙漠。」但朕云，噶爾丹必如吳三桂伏誅，我軍連番征戰，疲憊已極，仍英勇請纓，朕亦曾賦詩，申明此意。[78]寧夏總兵官王化行迎駕，並奏請行圍狩獵於花馬池，朕曰：「今噶爾丹未滅，馬匹關係緊要。寧夏兵來花馬池，往來須七、八日，馬必疲乏。夫獵，細事耳，以擒獲噶爾丹為急。今罷獵而休養馬匹，以獵噶爾丹何如？」[79]

臨兵接戰以經驗為本。所謂《武經七書》，其言火攻水戰，符咒、占卜、風雲，皆虛妄之說，其書甚雜，未必合於正道。朕諭臣工，若依《武經七書》其言行之，斷無勝理。李光地奏曰：「令習武者讀《左傳》即佳。」朕對曰不然：「《左傳》浮誇，昔人曾議之。」[80]用兵之道，惟心志如一、鉅細籌謀方是。康熙三十六年初夏，遠在西北黃河灣處，朕聽聞噶爾丹眾叛親離、飲藥自盡。朕書敬事房太監總管顧問行云：「今噶爾丹已死，其下人等俱來歸順，朕之大事畢矣。朕兩歲之間，三出沙漠，櫛風沐雨，並日而餐。不毛不水之地，黃沙無人之境，可謂苦而不言苦，人皆

譯按：五世達賴喇嘛即羅桑嘉措；第巴即攝政之謂，當時的攝政是桑結嘉措；五世班禪喇嘛即羅桑益喜。

避而朕不避。千辛萬苦之中，立此大功。若非噶爾丹有一日，朕再不言也。」

「今蒙天地宗廟護佑成功，朕之一生可謂樂矣，可謂致矣，可謂盡矣。」[81]

五年前，康熙三十一年秋，出外行圍狩獵，甫用完晚膳，傳聞熊隱身於樹林內亂石堆。不旋踵，朕即上馬，於落日前奔馳至樹林。初始，朕未呼吼、未敲擊樹木、未揮舞皮鞭引熊出，熊咆哮而出，入平闊之地。朕之獵手騎馬趨前隨之，與熊距十五、二十步之遙，將熊驅至兩丘間狹路。朕彎弓發射，貫穿熊側身，直入其胃。熊扯斷箭矢，箭矢裂碎，奔數步後止。朕下馬，手擎長矛，領四獵手隨侍，小心趨近、刺殺熊，熊倒地不起。朕諭隨侍，行圍狩獵之樂，從未若此次也。[82]

治

II Ruling

輓總督趙弘燮[1]

四十餘年撫近京，旗民稱善政和平。

保全終始君恩重，奄逝悲涼眾涕盈。

不畏刁頑持法紀，久司鎖鑰務精明。

官方仍在歸泉壤，節鉞空懸攬轡情。

——玄燁　康熙六十一年

第二章 治

生人殺人，乃皇帝之權力。皇帝當思，命官有過改之，猶如琴弦斷後可再續，然處決之人，則難死而復生。[2]皇帝亦應知，可以刑化德。康熙二十二年，攻克臺灣之後，朕命講官進講《易經》第五十六卦「旅」卦，象辭曰：「山上有火。」君子以明慎用刑，而不留獄。朕以為明慎用刑，即是刑期無刑之意。[3]

胡簡敏乃太常寺少卿，胡氏一門，濟惡江南鄉里，霸佔民人妻女田產，誣良為盜，致斃人命。窮黎小民告發，巡撫洪之傑不能速行審治，刑部衙門議覆亦僅判胡

簡敏革職，流徙三年。朕傳諭，決將胡簡敏一門嚴加處分，正法治罪，以昭不法紳衿、積惡豪強炯戒。[4]刑部衙門議，船廠「撥什庫」（編按）雅木布凶惡健訟，擬斬；朕同意刑部之議，命侍衛武格前往監斬，並傳諭自將軍以下至兵丁，俱令擐甲跪接聖旨，曰：「船廠風俗甚壞，如不再悛改，即與雅木布同罪。」[5]

戰時，或有怯懦及抗命者，即正法治罪，斷無寬宥。康熙十四年湖北一役，逆賊陷穀城，寧南靖寇大將軍勒爾錦疏報，副將馬郎阿退奔；貝勒察尼密奏此議屬實，朕命斬馬郎阿。數月之後，副將賈從哲、游擊張元經，於陝西臨陣逸逃，朕命軍前斬賈、張二人。康熙三十六年，思格色違旨抗命，竟不到丹津鄂木布告知噶爾丹之死，招與俱來，朕著思格色立斬。（然朕未接受兵部、理藩院會同三法司之議，將思格色立斬示眾。）[6]

據大清律例，凡叛逆者應處以凌遲之刑。刑部議處，朱永祚附從一念和尚，擅稱大明天德年號，又妄題詩句，蠱惑人心，應立斬。然朕著凌遲處死。朕亦著王士元凌遲處死。蓋王士元假冒朱三太子，妄稱伊係明國祚繼承人，朕將之處以極刑，旨在以此案為炯戒，杜絕先前三番兩次假明太子之名，擅惑人心謀反。伊拉古克三呼圖克圖遣細作至衛徵喇嘛家，意欲迎噶爾丹之兵入中國，並與噶爾丹密謀反叛大清，東窗事發被俘，解押至京。朕命諸王以下、蒙古王、文武大臣官員、喇嘛等集於黃寺，磔誅伊拉古克三呼圖克圖。朕亦傳諭，帶噶爾丹骸骨，於京城外懸掛示眾。逆賊吳三桂骸骨則分發各省，耿精忠及效命吳三桂麾下之十名將領，皆凌遲處死。[7]

然除諸如此類謀逆之罪外，若有斬立決者（即便春天不應執行處決者），或於立儲之爭，[8]密謀反叛朕而毋須經由審訊立斬者，朕一律矜恤保全。朕每理秋審之事，無一不竭盡心力而詳審之也。朕幼年於田獵時，但以多殺戮禽獸為能，年歲漸老後，行圍所圈乏力之獸尚不忍射殺。[9]

時值「三逆」釁叛華南，楊起隆及其黨羽作亂京城，滿軍嚴加追緝，致令京城小民驚恐，遷移逃避城外西山處所。朕即傳諭暫閉城門，以防京城空虛，其餘黨羽概從寬免緝，實乃楊起隆詐稱朱三太子，潛謀不軌，煽惑愚民。俟戰況蔓延，據報有百餘名「土賊」猖獗，官兵會同剿滅，俱各斬首。[10]朕諭兵部，傳令帶兵將領，

編按：清代八低級軍官名，又稱「催領」。

宜行撫安：

「凡陷賊地方，皆我赤子。今者詰爾戎兵，四征不庭。原以除暴安民，念愚氓被脅截髮，特一時貪生畏死之恆情。若大兵所至，概行誅戮，非朕救民水火之意。百姓無由自新，狡賊反得藉以煽誘。嗣後大兵進剿，有鄉民持械拒敵，及竊踞城池山寨，不即迎降者，乃行誅戮。其餘概從寬免，至剿殺賊徒，自應俘其子女。但賊營婦女，多係擄掠脅從。破賊之後，凡所擄難民子女，許民間認領，不得一概妄收。爾部其傳諭滿漢官兵，咸體朕意。毋忽。」[11]惟戰事既平，朕才聞知另有無辜黎民：戰事一起，朕諭令出征大兵「晝夜馳行」，以致縴夫死者甚多，深軫朕懷。[12]

世間事甚不如意者，莫過於決斷秋審一事。犯案招冊雖於秋季經刑部審查，大學士複閱，仍不免有字句錯誤之處，甚或數段訛誤。此皆人命案件，關係最重，不可怠忽。朕自然無法一一詳閱案件，然朕每每閱讀宮中各年名冊，逐一核實人犯姓名，或官、或民、或兵，某處人、某旗佐領下人，緣於某事，並與閣臣參酌，商定赦免人犯。[13]

要訣不在於捨「情實」之罪，而將故殺者改判「緩決」；應詳察殺人之「情實」，蛛絲馬跡推敲犯案動機及所處之境。[14]再者，斷案亦不能端賴審視凶器一途：陳汝咸向朕條陳，應照宋時《洗冤錄》（譯按）之說，除槍、刀、弓箭、銅鐵等凶器外，木棍雖足以致死，俱不作凶器。朕對曰：「夫人命事件，有拳毆、腳踢、木棍毆打致死者。若酌凶器輕重，定罪之輕重，則事必致舛錯。如針乃最微之物，將針刺入致死，豈可因針非殺人凶器，而免其罪乎。」[15]每年朕必詳閱人犯招冊，朕嘗於某回審案期間，於人犯六十三人中，赦免十六人。又於某審案期間，於人犯五十七人中，赦免十八人。後朕又於某審案期間，於人犯八十三人中，赦免三十三人。[16]依朕之見，如康熙三十八年三起夫殺妻案，迥然有別。明輝好酒，其妻勸阻，以斧斷其指，又亂毆之。後妻因家務細故，而被明輝戮死，此豈可寬宥也？保兒怒妻之罵

譯按：根據《四庫全書存目叢書》編纂說明，《洗冤錄》乃世界最早的法醫學和刑事檢驗學名著，後世辦案，奉《洗冤錄》為金科玉律。

其父母，殺之；孟啟正之妻，以不善事其夫，更出惡言，砍之致死。此皆非故殺也，或可從輕量刑。[17]但亦有罪無可恕之案。如朱尚文以小嫌隙，殺其母舅之子。但朱尚文已六十七歲，朕矜恤其老邁，緩其死刑。[18]海宇昇平之時，照例即斬之罪亦有可憫之處：刑部原奏，偷盜隨駕人員馬匹之賊范崧，擬立斬。然朕思天下承平之時，兵革不興，從寬免死范崧，改判流徙黑龍江為奴。[19]

惟見其善而不見其惡，人之美事。若好疑惑人，彼之疑心益增。丹濟拉來降之時，朕即誠心相待，使其進朕帳幄內，旁無一人，並與伊刀切肉食；無視丹拉齊乃噶爾丹之姪，嘗於絕望臣服前，攜噶爾丹骸骨奔脫入藏。嗣後，朕賜封丹拉齊親王銜，彼終身奮勉盡力。[20]俄羅斯人於北疆誅殺我朝子民，時值雅克薩初次圍城之際，朕仍諭令賜俄羅斯囚新衣，將之釋放。嗣後，康熙二十六年二次圍城時，朕亦傳諭太醫診治俄羅斯病人，將之遣送返鄉。職是之故，烏梁海小民不戰而歸順朝廷，彼仍謹記我朝對俄羅斯人寬仁以待。[21]昔王師平蜀大破逆賊吳三桂軍，擄助吳三桂之苗人三千，朕諭令三千苗人盡釋，遣歸雲南；日後吳三桂孫吳世璠欲遣苗人以拒我師，苗人不肯從之。實乃苗人之獷悍，不可以禮義馴束，宜若天性然者。一旦感恩懷德，即不忍背叛主上。雲南貴州總督蔡毓榮疏言，請禁苗人攜藏兵器，並不許漢人售予鉛、硝、硫磺等貨，朕拒其所請。苗人全賴弩弓、長鎗，捕獵以維生計，概行禁止，則苗人俱失其生業。治民惟在所司官，悉心撫綏。[22]此外，尚有如何將小民火器沒入官府之疑，誠如朕嘗斥喝工部侍郎穆和倫收取山東百姓火器之議。[23]

群臣進諫，不宜令水師提督施琅統兵取臺灣，彼人嘗臣服明朝與叛軍鄭成功，若朕交付戰艦、兵丁，施琅勢必起兵謀反。然前漢軍水師提督萬正色嘗上奏，臺灣斷不可取，朕傳令施琅覲見，面諭曰：「舉國俱云，汝至臺灣必叛。朕意汝若不去，臺灣斷不能定。汝之不叛，朕力保之。」施琅不旋踵即攻克臺灣，躬忠體國。施琅其人粗魯武夫，未嘗學問，度量褊淺，恃功驕縱，但善於用兵；施琅兩子施世綸、施世驃亦悉心侍奉朕。[24]

三藩之亂後掃蕩華南，朕即拔擢前吳三桂部將六人，遣其攜招撫敕書，立於主將陣前；凡革面輸誠者、洩漏軍情致逆賊受擒者、幡然悔悟領兵來歸者，概既往不咎。投誠將領可按原品支全俸；宜昌阿得語言明晰、洞曉賊情者二人，朕命其馳驛來京，俾以探詢。此外，朕亦一一詳察家屬滯留賊區之官員：有無辜受牽連者，有因族人施迫從而附和逆賊者，有因反抗而受誅連者；亦有心切歸誠，繫念妻在滇，不忍分離者，朕許其一面密通聲息，一面撤兵回滇潛為內應。[25]

耿精忠雖於康熙十五年九月來降，尚之信於康熙十五年十一月輸誠，吳三桂亦卒於康熙十七年八月，然餘孽黨羽仍負隅頑抗，叛逆猶未靖安。吳三桂之師由其孫領兵，仍作困獸之鬥，耿精忠、尚之信猶有謀叛之虞。然康熙十九年春，和碩康親王傑書上奏，祈請誅殺耿精忠，朕期期以為不可，諭之曰：「朕思凡行一事，必前後計慮，果有裨於國家，始可舉行。若輕率妄動，必致舛錯。今廣西、湖南、漢中、興安等處，俱已底定。逆賊餘黨，引領以冀歸正者，不止百千。若將耿精忠即行正法，不但已經投誠之人，以為後日亦必如此聲明其罪。即未投誠之人，睹此寒心，亦未可知。」

職是之故，朕一方面諭傑書令耿精忠來京，一方面遣宜昌阿假「巡視海疆」之名，赴廣東密察尚之信。[26]康熙二十年十月，定遠平寇大將軍章泰疏奏捷報，吳逆餘孽一一嚴懲：雲南省城陷落，吳三桂之孫吳世璠自殺。郭壯圖及其子郭宗汾皆自刎死。胡國柱自縊，王敘、李匡皆自焚死。吳三桂之偽大學士方光琛，及其子方學潛、姪方學範，拉至軍前磔之；其餘眾將俱斬於軍前。吳三桂之婿夏國相隨吳世璠首級押解京師。[27]三藩之亂終告底定，朕諭令將耿精忠及其族人處以極刑，其餘罪無可赦之叛將一一伏誅。[28]

各方糾劾紛至沓來，然朕反覆重申，不得將牽連叛亂之人一概盡誅，應令其放回原籍，以示寬典。朕更拒臣工疏言：將謀逆之屬下皆罷黜回京，或不許其子弟親戚仕宦應試；朕甚至以為，如遇「旗」下懸缺者，許尚之信、耿精忠之從屬將官入旗補缺。[29]

歷八年兵燹之劫，蒼生塗炭，今亂賊雖已蕩平，寰宇大致底定，然瘡痍尚未全復，朕堅拒臣工奏請上朕功德尊號。蓋三藩之亂實因朕之誤判形勢而起，朕斷不諉過他人。朕詎料俟准吳三桂撤藩之請，彼竟於康熙十二年背恩反叛。朕更未慮及吳三桂偽檄一出，各省兵民相率背叛。朕撰文明志，遣大學士勒德洪於大捷之冬，至乾清門昭諭九卿等。九卿等當明白朕之德澤未孚，斷無接受尊號之理，況且勝捷乃出於朕之謬誤決斷。朕亦無意諉過他人，虛名居功。對此，朕令勒德洪轉諭九卿等，康熙十二年夏，惟有莫洛、米斯翰、明珠、蘇拜、塞克德等景從朕削藩之議。彼等之倡言，僅更堅決朕之心意，而非誤導朕。俟吳逆四方騷擾，群臣乃建言，應將倡議撤藩之五大臣，盡行誅戮。曩昔朕未究責這五大臣，今後亦然。謀亂弭平後，先前躊躇搖擺之議政大臣，於是日清晨，仍跪拜乾清門前聽勒德洪宣諭。朕斷不容大臣等再有洋洋自得之意，彼等之先見未必高於朕。[30]

議政王大臣會議雖不表苟同朕撤藩之見，但朕心意已決，願放手一搏。若我等調度合宜，嚴正以待遷移南方三藩王一事，三藩王或許別無選擇，惟能俯首聽命於朝廷。對此，朕自京師差禮部左侍郎折爾肯、翰林院學士兼禮部侍郎傅達禮往雲南，與吳三桂商議削藩撤兵之事；朕另遣戶部尚書梁清標、吏部右侍郎陳一炳分赴廣東、福建，與尚可喜、耿精忠折衝遷移事宜。[31]朕諭兵部、吏部，諸藩官兵既撤，經略需人，應設專員料理南方。朕另諭戶部，丈量估算各官兵家口安插滿洲地方所需田地房屋等項。朕雖不能逆料三藩謀反，然不思警戒而怠惰亦為愚蠢至極。朕准明珠奏請，每一佐領整編為一百三十人左右，俾以迅速調動兵丁。朕亦聽從股肱大臣建言，於防禦重地、通衢孔道發兵駐防，秣馬以待。朕差滿人戶部郎中席蘭泰、兵部郎中黨務禮、戶部員外郎薩穆哈、兵部主事辛珠，一組四人，各各皆精通騎術，密切觀察折爾肯、傅達禮，及吳三桂款待折、傅二人之禮。[32]

　　薩穆哈、黨務禮[33]聞知吳三桂謀反，星夜馳驛到京，應對之策至為明顯——即差遣英雄碩岱，兼程前往扼守荊州，拱衛長江。碩岱乃我父皇隨侍，嘗斬殺殘暴的素尼。[34]遴選具皇族血統之人，或膽識過人的勇士，膺任將領，勢必能望風披靡。朕賜伊等黃袍馬褂、黃金甲冑，向神靈祝禱，親赴城外隆重送行。[35]然年復一年，朕目睹伊等貽誤軍機、遲疑瞻顧，或率大兵閒坐帳幄，未嘗前進寸步。[36]朕不得不起用漢人叛將扭轉頹勢，縱使令漢將凌駕滿人之上亦在所不論。[37]

　　三藩作亂，朕雖日理萬機，內則持心堅定，外則示以暇豫。每日出遊景山騎射。蓋因滿洲兵俱已出征，餘者盡係老弱，遂有挾怨不法之人，投帖於景山路旁，內云：「今三孽及察哈爾叛亂，諸路征討，當此危殆之時，何必每日出遊景山？」朕若稍有疑懼之意，則人心動搖，或致意外亦未可知也。永興被困之際，信息不通，朕心憂慮現於詞色。都統畢立克圖即以太祖太宗之名，責朕怯懦。[38]康熙十八年，時值戰況膠著，朕之益友翰林院掌院學士喇沙里[39]溘逝，太和殿燬於祝融，地震搖撼京城，朕心懷不暢、身體抱恙，遂至無法進食，太皇太后命朕住南苑頤養。[40]

三藩興亂伊始，朕未納大學士索額圖之乞奏，將倡議削藩而招致釁叛之人正以國法；及至三藩之亂將歇，朕亦罷魏象樞所請，速殺大學士索額圖及其族人，縱使索額圖之議荒謬絕倫，且與其族人恃權謀私，積累鉅富。魏象樞乃高風亮節之大臣、御史，朕嘗諭之曰：「道學之人，果如是挾讎懷恨乎？」[41]又李光地、湯斌、熊賜履，皆講道學之人，然而各不相合。

今世自謂「儒者」之人，往往空疏不學，又岸然自負；好講理學之人，宜言行相顧。縱使我朝賢能大員，亦難免疏漏之處。李光地居官甚佳，惟包庇漢官，每每參劾「漢軍」，然漢軍不全然盡劣。再者，李光地行事專信門生，常為其所誑騙。凡滿口道學之人，李光地即不疑有他。彭鵬忠心耿耿、驍勇善戰，任職三河縣時，轄區有賊，即披甲跨刀親往擒賊。然俟其勃然大怒，辭氣不勝乖張，粗戾至極。趙申喬居官潔身自愛，赴任時，家丁僅十三人，並無幕賓。但趙申喬為政好興訴訟，小民多受其累。施世綸操守果然清廉，但遇事偏執，循袒百姓。若百姓與生員訴訟，施世綸必庇護百姓；若生員與縉紳訴訟，施世綸必庇護生員。直隸學院楊名時為官亦然。科考取士之時，但係富室之文字，雖好，斷斷不取；倘貧寒之人，文意粗略，即取之。[42]張鵬翮乃朕賞識之人，對他亦不次拔擢，歷任要津。但張鵬翮所奏章，昏憒至極，朕著將朕之諭旨，及張鵬翮所奏，一并刻示於淮安、揚州、泗州、盱眙等處，令眾人觀看。蓋因張鵬翮謂，黃河水消，全賴河伯顯靈。然究其緣由，實因黃河上游，六個月滴雨未降之故。

朕每每究責張鵬翮徇庇漢人，對旗員不假好言，張鵬翮總是無語以對。[43]朝中要員之惡習，莫過於保舉人員，非係師友，即屬親戚，此皆漢人承襲已久之陋習：自古漢人結為朋黨，各援引同黨之人，以欺其上，習以為常。今觀旗員，亦各自結黨營私，其中尤以于成龍最為強盛。素來忠誠之滿人，亦濡染惡習，無視其聲名狼藉，惟薦舉本旗之人，而不願協力漢人。[44]正陽門外祝融起，此係漢官所居之地，縱使朕親臨登城指揮，撲滅火勢，滿人要員亦置若罔聞，袖手不顧。[45]

職是之故，凡條奏參劾之事，朕必留心。蓋參劾背後，往往係黨同伐異之爭，一造為漢人，一造必是漢軍；或者一造係漢人，一造必是滿人。護國良將突然以規避畏縮、無甲推諉不戰之名而遭彈劾，實不難理解目標另有其人——或提拔之人，或有關親誼者。有總督題參某人門生，而該總督轄下全省官員，突然俱遭參奏，顯見此係懷挾私仇以報怨。[46]

天下官員之多，朕何其能一一周知，惟賴左右大臣臧否，或言官糾彈。但若有結黨徇私之情，朕自應親臨調查。如總兵卓策、許盛居官最為貪鄙，朕聞其軍民皆怨，乃為懲治。然之前未有耳目之官彈劾卓策、許勝二人。[47]山西、陝西官員頑劣，朕恨之更勝於噶爾丹。巡撫溫保，自奏其居官甚善，萬民稱頌，欲為其樹碑。然據朕詳察，溫保治下庶眾，無不願食其肉而怨讟之。[48]有此弊端，實為上下相隔，不能通達之故。曩昔，朕不時巡幸山東、浙江、江南，官員皆知勉力，操守俱優。

皇帝因官員陛見、巡幸或批覽奏摺而耳目暢通。朕御極之初，即想方設法杜絕洩漏國家重大機密。[49]朕必親覽奏摺，凡所批硃筆諭旨，皆出朕手，無代書之人。若右手病，不能寫字，便用左手執筆批旨，斷不假手於人。朕亦反覆推敲，奏摺是否為寄書人親撰，如貴州巡撫劉蔭樞等，年老目昏，難以恰如其分書寫奏摺。[50]或有朕諭令以滿文撰書奏摺者，然提督李林盛自稱年衰目昏，力有未逮，能否請人代書滿文，因其「清字之文理不通，如令人代繕，臣既不諳其中深義，誠恐詞語失宜。」朕諭之曰：「此漢文亦未必爾自能作也！」[51]自然，亦有濫用密摺之權者，如給事中莫羅、雅齊納，並無緊要之事，每每託辭密摺，欲獨行進奏。朕以向來起居注官，從不必迴避密奏之事，因令近前侍立，以聽莫羅、雅齊納所言，自此彼等遂不奏一事。[52]

在外官員來朝陛見，可抑其驕縱之氣。朕自然無法俱令在外提督、總兵官或地方要員來京，但著邊疆提鎮常來朝覲見，關係甚重，惟因其久據兵權殊非美事。如吳三桂、耿精忠、尚之信等輩，亦以不令來京陛見，不知敬畏，心生驕妄，以致反叛。邊陲將士，惟知其統轄之主，不習國家法度。曩者，朕嘗降敕於廣西將軍馬承蔭，馬承蔭跪受。其下屬皆驚曰：「我將軍亦跪人耶？」朕由是觀之一斑，自此不令人久擅兵權。朕亦可在群臣陛見獲悉各種隱情。朕令忠心不二或略有聽障之官員，緊捱朕旁而坐，彼等自能輕聲細語直言不諱，朕記下朕之答覆。朕亦可質問涉及欺瞞、曲解之事，有時朕親手書而誌之，俾以嗣後參詳。[53]

巡幸時，朕必與黎民百姓攀談，或受其申冤，藉以周覽民瘼。於北遊之時，朕每令小民論斷官吏，訪視民房，閒話農稼收成。[54]南巡時，朕受理多起投訴：有常熟縣山人楊子岳妻，叩閽具告翰林院趙徵介倚勢冒認伊夫為僕。崇明縣民郁登先叩閩海關額外苛徵錢糧。有靈古寺僧請重興復舊寺廟。有湖州民人潘雲琯因領鄉紳本銀二百兩，往來貿易途中被劫，朕憐其窮苦，賞銀四十兩。[55]但若係匿名飛語謗讟，朕便不受理。若隱其姓名，實難當面對質。[56]倘有愚蠢至極之誑言妄語，朕亦不予理會。在杭州，有人頸繫訴狀，朝御舟游來，高呼其受天下第一等惡人欺壓，朕僅令近侍問之曰：「誰乃第二等惡人？」[57]

朕向來待大臣體恤包容，不分滿漢。[58]朕斷不許諸臣議政時狀若傀儡，[59]唯唯諾諾、默無一語；朕亦不容九卿於奏摺之中，長篇大論引宋儒之賢，而言不及義。[60]然滿人漢人之性，實乃迥異。滿人坦率，漢人以喜怒不形於色為尚。滿兵剽悍，臨陣驍勇，遠勝漢軍，且善待奴僕、馬匹。旗籍翰林，所學皆好，不減於漢人；但仍不免驕縱，如公然騎馬直入衙門，或妨礙審理訴訟，但亦毋須如漕運總督邵甘之申辯，因其係滿人而為眾所忌。滿人侍郎沙賴嗜酒好賭，降級留任。軍卒縱酒酣飲、嗜賭如命，滿人王公亦不遑多讓。昔韓菼管翰林院事務時，即耽緬飲酒，膺任禮部尚書亦不稍加檢點，致令翰林院官員以飲酒宴會為樂，對奕嬉戲。嗜酒賭博亂人心志，損人體魄，致令敗家破產，無分貴賤。[61]誠如邵雍所言：「陽奇陰偶之數，陽數少而陰數多。是以凡物皆好者少，惡者多。人亦從善難，從惡易。」[62]

對皇帝而言，要能抗拒過譽之言盈溢於耳，譽言猶如服「補藥」，無益身心；此等陳腔濫調、粉飾浮詞，如畫餅充饑，無濟於事。[63]康熙十九年，朕始與講官庫勒納、葉方藹、張玉書切磋《易經》，三日通書讀罷每一卦義理。四年後，朕又通讀一遍，始知講官何以將《易經》首卦「乾」卦、第六爻「亢龍有悔」一節，注在「不應講」之列。辭曰：「亢之為言也，知進而不知退；知存而不知亡；知得而不知喪。」朕諭講官：「天道人事，亢則有悔。易中所言，無非此理。正宜此為戒，不必避忌。以後繫辭講章，不分應講與不應講，俱以次逐節進講。」[64]在進講「豐」卦時，朕即通曉「日中則昃，月盈則食；天地盈虛，與時消息。而況于人乎，況于鬼神乎」之理。

豐卦第三爻論及，晉用庸才之人，致令能者難以施展。[65]故爾等當留心記之，賞善罰惡須適度。恣意施恩，必致狂妄放縱，惹是生非，將所行是處盡棄而後已。若遠置之，又背地含怨在心。[66]據此，太監錢文才毆死小民，朕諭令處以絞監候，勿令倖免。蓋太監原屬陰類，其性情與常人不同。有年已衰老，而言動尚若嬰兒。

是以朕從不令太監干預外事，即朕御前近侍之太監等，不過左右，縱使與之家常閒談笑語，但從不與談國家之政事也。明季內監至十萬人，但今宮中不過四五百人；且止令灑掃奔走之役，一顰一笑，從不假借。所以數十年以來，太監皆極貧乏。明季太監驕奢跋扈，委之閱覽奏疏。蓋因奏疏多一二千言，每日積滿几案，人主豈能盡覽；而太監復又將之委於門客，奸弊叢生。[67]

凡人能力有其限度。平陽知府秦堂，在朕前妄自矜負，毫無敬慎之狀。朕問之曰：「彼奏以一日可辦七八百件事。朕臨政四十餘年，惟於吳三桂變亂之時，一日常辦事至五百餘件。然非朕親自操筆批發，尚至午夜始得休息。彼欺他人則可，豈得欺朕耶？」用兵之時，一日三、四百本奏章，朕能悉心親覽無遺者，止四五十本而已。閱覽奏章何難之有，一切但求不可有懈慢之心也。[68]奏章內容力求鉅細靡遺，以彌補皇帝無能躬親一一詳察之失。康熙十四年，貝子傅喇塔疏奏：「賊糧匱乏欲降。」朕諭之曰：「前以地遠，不能詳悉賊情，故令爾將情形具奏。爾宜將水陸賊壘，地方形勢，賊將姓名，及我兵所駐形勢，可否進戰，一一詳報。將此等略而不言，但云賊糧匱欲降，殊未明悉。著再詳報以聞。」嗣後，傅喇塔將軍才疏言，賊將有偽都督曾養性、偽將軍祖弘勳，其下有偽總兵八人，兵馬六千，南自長石嶺、北至三江，迤邐數十里，連屯二十五個營。領水師者，賊將朱飛熊、偽都督張恭萬、許英，其下有偽總兵四人，水師萬餘，舟三百餘，泊於城東十里許小梁山下。[69]

凡處理河務，不外乎疏濬及築堤二途，此尤須不憚勞煩，屢屢巡閱。以大運河漕米為例，河工實與米價波動、河水倒灌氾濫田地諸事息息相關。職是之故，朕不僅罷黜治理河工之官宦，亦親臨督導于成龍、張鵬翮之良能大員。朕亦不時親自巡閱河道，遣親信大臣繪製河圖。[70]

迨奏摺體制完備，巡撫張伯行疏奏，盤獲海賊蔡順等大鳥船一隻，上載紬、人蔘、金銀。朕諭張伯行：「既以具摺奏聞，當明白寫來。盤獲蔡順等大鳥船，不知自南來北往哪處，人皆無憑據，再確定時具摺奏聞。」[71]十年後，這時朕才明白大鳥船乃自福建、浙江造成而來，於六月到天津，候十月北風始回。為探查海賊虛實，自是不能僅聽官員一面之詞，但可親自審訊海賊。朕便詢問投誠海賊陳尚義，據此得知如何切斷海賊船隊，拒海賊登岸，阻海賊購買米糧火藥。另可繪製海賊窩藏各島之圖，將之圍困於島內。島內樹木不生，不可耕種，亦無好水。此時，海賊即是陸賊；迨至冬月，海賊勢必傾巢而出上岸。或可令親信大臣招募諳練精壯親丁，如廣東提督施世驃及其麾下百名閩省兵丁，嚴防口岸、出海哨探。或可令地方總兵官造鑄精良火器，地方所使火雖不若宮中內造者，但其摧鋒克敵之效，優於僅可號令聲威之「馬蹄」。亦可招撫海賊委任其事，或自受縛之賊寇中擇一二緊要者充當遊說之人，前往招降海賊。或者命人坐商船前往，打探海賊所經之路。但廣東武官，使兵丁假冒商人，出洋緝盜。此致令誤以商船為賊船，妄與之交戰者有之。此乃未盡善之法。[72]

朕所聞之掃靖海賊之法，率皆空言無補：有謂商船宜改為平底船，只用一桅者，或商船隨船帶軍器火藥。提此奏議者，必不知商船重載，入水數尺，方能壓浪；即便武裝，一遇賊船，商人並不敢抗賊。[73]但若軍器火藥精良，海賊自然不敢造次，逃之夭夭。海賊陳尚義告訴朕，伊等出海行劫，避西洋船隻，懼其火器，不敢逼近。[74]當然，自當辨明海賊類型。朕深知，為禍之海盜，確非慣賊。其皆貿易之人，資本虧折，轉而肆行搶奪。誠如施世驃所奏，或有一二「宵小」，乘便搶奪漁艇，飄出外洋，奪換商船。然彼乃零星孤舶，潛逸外洋，非有成群巨艦，敢橫行妄為也。

職是之故，當委實盤查，承平之時亦無例外。75

諸如此事亦見諸私鹽梟徒：誠如總兵官師懿德之奏報，私鹽梟徒係山東、河南無業遊民，流入江北產鹽之區，勾引本地匪類。每一鹽頭名下聚領一二百人，或六七十人不等，大夥持械在於江面船載，由三江營等處運卸，以車推擔挑，各處成群販賣。師懿德建言，或可差小船晝夜巡緝，追查私販蹤跡，將其同夥一網打盡。76然南方各省礦徒之督管，更形棘手。廣東礦坑甚多，迨山礦封禁之後，盜礦之徒不能盡絕，其間或無所得而就近搶奪衣食者有之。彼等或窩藏礦坑隧道內，或裹脅商人庇護。其類有二，一為外地流入者，曰「飄馬」；一為本地遊手好閒者，曰「土馬」。飄馬非土馬，無以知地方之地理形勢，土馬因飄馬之合股，更以添黨羽而妄行。及至官兵追捕，則飄馬潛至外境，土馬仍混良民間。追索盜跡非得多方構線密訪，但治本之道，惟禁絕開採新礦，便無後續之患。77

朕以為各省之人，其性各有陋習：福建人性濁好勇，文人亦能舞籐牌挑刀。秦人（即陝西人）強悍，好互相殺害，風俗甚惡。山東人性多偏執，好勝挾讎，輕生為盜者頗多。喀爾喀蒙古，其性無常，且不知足。勿多與之物，日後不繼，反招其怨。故應節其施予，酌量行之。山西風俗過於慳吝，雖極殷實，亦不顧貧寒之親友。即客至，亦不留一飯。慫恿飲酒、賭博，罔行浪費，厥為惡習。江蘇地方繁華，人心不古，鄉紳不奉法者多。朕夙聞東南巨商大賈，多係山西人，實乃不足為奇。[78]然吾人亦不應以偏概全。如福建浙江總督朱弘祚於大計疏內有言，閩省地瘠人佻；或張德地署理延綏巡撫時，曾奏延安邊地，並無可舉博學宏詞之人；或詹事邵遠平奏，南方之人，皆輕浮不可用。朕以為賢才不擇地而生，雖深山僻地，豈無人才也？[79]

康熙三十三年，朕警覺科舉之法不當，致令人才遺漏。武闈試錄，中舉者多江浙人，山西、河南兩省各中一人。武進士之文，不過熟記成語，抄寫舊套而已。是故應以馬步箭俱優，人材出眾者為佳耳。西疆各省壯健者，咸欲投軍，但江南、浙江之兵俱懦弱，本身衰老，子弟代充，所以懦弱者眾。[80]

但及第者亦不乏貪瀆之輩；或對文義常茫然不得其解；或於地方民情毫未通曉；或惟以能背誦五經者即取之，而不依例考取文字；或因地緣之誼而取人；或擇才不依其賢，所取者盡屬貧寒。[81]凡文章書法各有所習，從中或可辨析南方人、北方人之作；但舉人考試，試卷皆為彌封，何能預知應試者貧寒也？縱使翰林官員，亦或有不善書法者，或有不能撰講章者，或有不能句讀通鑑者。漢軍官員多由捐納起家，朕特舉行考試以決定去留。其中或有私藏懷挾，或繳交白卷者。或有代行考試者，或有假冒名額較多省籍者。對於後者，實可輕易辨識。朕悉通曉十三省語音，觀人察言即可分辨省籍。[82]其餘弊端，尚可杜絕：如命侍衛嚴加監試，由朕親自閱卷——縱使乘御舟巡視河工，若誠屬必要，朕亦可如康熙三十九年覆試一百八十三名中試舉人，將之分為四等第，擇優參加京師進士會試——或如二十二年前特開博學宏詞科之時，於霸州考棚內親自批覽試卷。在少數翰林官員之助，朕可於考試前詳察出試者；或由朕硃筆親撰試題；或著應試者入暢春園考試，由大臣親眼監試。據此，朕即能辨識應試者能否識得滿文，或詩文是否由應試者親作，並於考試後由朕親臨面試。[83]

若為賢良之才，自應簡拔任用，不次拔擢，甚至入翰林院為官，而毋須慮及其出身品第：如數學家梅瑴成、明安圖，音韻學家王蘭生，經學大師高士奇，書法家勵杜訥。[84]此外，朕亦遴選翰林院超拔之士，下放各省膺任巡撫之職，如王度昭、張伯行、陳元龍等，俱為康熙二十四年進士。[85]

康熙五十年進用陳元龍時，朕諭之曰：「爾至廣西，當使文武和睦，民兵相安。巡撫有管兵之責，宜不時操練。爾任翰林年久，朕特試用邊疆之職，觀爾辦事如何，宜盡心加勉。」起初，陳元龍上書之奏摺，內文冗長，不合體例，且言及靈芝生於深山大木之下，其感應皇上無一民一物不在胞與之中，而且養老施恩極其優渥。陳元龍雖知朕窮理格物無不辨晰精微，但有鑑此靈芝或可備藥物之用，責無旁貸務必上呈。朕則對陳元龍的奏摺硃批覆曰：「史冊所載祥異甚多，無益於國計民生。地方收成好，家給人足即是莫大祥瑞。」嗣後，陳元龍的奏摺語多洗鍊，且無靈芝之說，乃處事有方之巡撫。[86]

朕亦於康熙五十年拔擢王度昭出任浙江巡撫。王度昭夙無治理經驗，但初任巡撫頗為幹練，能查知杭州米價貴，乃緣於浙省人多用廣之故。南新關山木稀少，起因於歲末砍伐殆盡，新木正在滋生。嗣後，王度昭抨擊朝廷重臣，反與一干人等被謗誣，朕思此案詭譎，未懲處官員即了結此案，甚至於張伯行候監期間，著王度昭瓜代江蘇巡撫之職。但睽諸王度昭奏摺內容，對民生福祉之事鮮少著墨，朕又著罷黜王度昭地方官之職，轉調工部侍郎。[87]（然王度昭任職工部侍郎，操守不足，有虧厥職，朕著將伊改授「副都統」之武職。）[88]至於張伯行，朕於康熙五十五年將之調離江蘇巡撫，令其料理京城糧倉。朕於康熙四十六年南巡途中，即耳聞張伯行之聲名，嘗問督、撫，江南還有如張某一樣好官乎？彼等對曰，無有。朕曰：「既無有，何為爾等不保舉他？今朕自保舉。他將來做官好，天下以朕為明君。他將來有貪贓壞法之事，天下笑朕不識人。」朕拔擢張伯行歷任福建巡撫、江蘇巡撫，後因牽連噶禮案，及以海上有賊欺君妄奏、監斃良民數人之罪，刑部依律將張伯行擬斬，監候秋後處決。朕罷刑部之議，諭大學士等曰：「伊實非堪任巡撫之人。但能杜苞苴，操守甚好，可於錢糧無多處令其管守。」[89]

雲南、貴州、廣西、四川諸省前遭三藩叛逆之變，田畝拋荒，不堪聞問。自平定以來，人民漸增，開墾無疑。朕廣徵良策，期可平整國帑，且能清查人丁實數。康熙五十年，幹練如王度昭者，於奏摺疏報：「蠲免之年停徵，此例可行於他省，而不可行於浙江。何也？浙江賦役繁重，每年錢糧有地丁、有漕項、有漕白，徵款名色千頭萬緒。州縣官以漕糧緊急，催兌完畢始徵地丁。中間四月蠶忙，五月農忙，每遇晴雨不時，轉於十月開徵漕糧，地丁又復停徵。不惟有司顧此失彼，抑且民力湊辦維艱。然良農奉法尚知依限完公，惟有奸民猾吏歲歲拖欠，積至數十百萬。荷蒙皇恩盡蠲，其實便於奸猾居多，而急公完糧之百姓未嘗均霑也。臣真知確見，故請將浙省四十九年尾欠地丁，乘此蠲免之年，催輸完納。」朕准其奏，且補充曰：「奸民中即有鄉宦。」而於硃批言：「上本當改數句方好。」後交各部有司商議。[90]

朕凡巡幸各地，所到之處必諏詢當地丁數。一戶或有五、六丁，止一人交納錢糧。或有九、十丁，亦止二、三人交納錢糧。顯見，人丁雖增，地畝並未加廣，縱使砂石堆積難於耕種者，或山谷崎嶇之地，已無棄土，盡皆耕種矣。據此，朕欲令今錢糧冊內，有名丁數，勿增勿減，永為定額。自後所生人丁，不必徵收錢糧。但朕又唯恐此策一出，各省督、撫、有司，編審人丁時，隱匿不據實奏聞。是以，朕將現有交納錢糧之丁數，永為定額，其數稍逾二千四百六十二萬，編審人丁逾此數者，「永不加賦，滋生人丁」。朕心明白，各省督、撫、有司，之所以隱匿丁數，不敢據實以奏，乃唯恐加徵錢糧。朕務必令臣工釋懷：「豈知朕並不為加賦，止欲知其實數耳。嗣後督、撫等，倘不奏明實數，朕於就近直隸地方，遣人逐戶挨查，即可得實，此時伊等亦復何詞耶。」[91]

禮部右侍郎胡作梅條陳上奏若干弊端，其中尤以審定誰為納賦之列為最。胡作梅申言：「蓋額課既無增減，則新增之丁，除補足開除人戶（即亡者）外，皆得均霑皇恩，而舊丁無減糧之例，遂不能在霑恩之列。新舊不均，此臣之所以未安也。其開除人戶，倘缺五人之糧，而新丁或增至十人之眾，此十人之中，將使誰任五人之糧乎？必且有不肖吏胥，避強欺弱，放富差貧者，增丁愈多，索詐愈甚，即新增之丁，亦恐有苦樂不均之嘆！此又臣之所未安也。」於是胡作梅建言：「每次編審人丁之年，計開除人戶若干，新增人丁若干，止以康熙五十年審定開徵之額數，按新舊人丁均派徵收。新丁日增而糧如故，舊額無減而糧日輕。」但朕仍著依原議，總蠲免新徵舊欠，共三千二百六萬四千六百九十七兩，以攤平拖欠差額。[92]

朕耳提面命各省督、撫，朕軫念民生至意。如有侵欺隱匿，使惠不及民，借端科派者，該督、撫嚴行查參。督、撫失察，事發之日，亦嚴加究辦。諭旨到之日，立即遍示城郭、鄉村，咸使知悉。[93]

康熙十一年冬，朕值年輕，召講官等至懋勤殿，諭之曰：從來與民休息，道在不擾：與其多一事，不如省一事。朕反對漢官之請，令言官風聞言事。蓋因不肖之徒，必借端生事，假公濟私，人主不察，必至傾害善良，擾亂國政。[94]三十二年後，曹寅條陳建言，每年超徵之專賣鹽費，應留以恤地方，禁革總督獨攬。朕又援引前言示警曹寅：「生一事，不如省一事。只管為日前之計，恐後尾大難收，遺累後人。」康熙四十九年對提督江南等處地方總兵官師懿德、康熙五十年對副將總兵官張谷貞，朕亦援引此言昭其炯戒。[95]

巡撫穆爾賽遭參彈，於山西任內索賄無度，朕諭戶部尚書科爾坤曰：「前者謂穆爾賽，為人樸實，不生事，孰倡此語耶？」科爾坤奏曰：「穆爾賽為人樸實，人盡皆知。左都御史陳廷敬，山西人也。先言穆爾賽不生事。」然陳廷敬奏曰：「臣等同內閣諸臣會議時，臣止言穆爾賽平常，並未言其不生事。」朕復問科爾坤，科爾坤奏曰：「侍郎蔣弘道，亦有此言。」蔣弘道回奏曰：「臣離家年久，並不知穆爾賽行跡。」朕責其推諉閃爍後，對之警惕曰：「今居官者，更有如穆爾賽貪污者乎？如此之人，尚謂其不生事，嗣後九卿何可信用。」[96]誠如朕諭知江西巡撫郎廷極：「古人有言，文官不要錢，武將不惜死，不怕天下不太平。」信哉斯言！朕復曉諭郎廷極：「做官之道無他，只以實心實政，不多生事，官民愛之如母，即是好官。」[97]

《中庸》有云：「君子素其位而行，不願乎其外，上位不凌下，下位不援上，正己而不求於人，則無怨。上不怨天，下不尤人，故君子居易以俟命，小人行險僥倖。」此真睿智之言，炳如日光星輝。[98]

凡人惟能盡人事、聽天命。如農夫耕墾，宜常勤作，而豐歉概由天定。[99]乾旱不雨時，朕嘗於交泰殿前圈席牆，在內三晝夜虔誠祝禱，雖鹽醬小菜，一毫不食，步至天壇祈雨。[100]康熙二十七年春，久旱，朕傳諭占驗，卜得「夬」卦，象曰：「澤上於天。」亦即虔誠祝禱，天必降甘霖：

君子夬夬。獨行遇雨，若濡，有慍，無咎。

又云：

莧陸夬夬，中行無咎。（譯按）

是月，朕革去明珠等大學士之職。[101]

朕之欽天監往往避忌，不敢據實啟奏，故朕須反覆查證，警惕彼等不可隱匿真相。欽天監奏，立夏時，巽方風起，吉。是日朕於宮中占驗，乃不祥之東北風起。朕傳諭欽天監，凡占卜，當直書其占語，切毋揣度時勢，附會陳說。日食雖可預算，但自古皆戒懼，蓋所以敬天變，修人事也。為求海宇昇平，防天災地變，不可不加修省。蝗蟲危害雖尤烈，但非束手無策。若今年寒凍稍遲，蝗蟲已有遺種，宜及早耕耨田畝，使蝗種為覆土所壓，則其勢不能復孳。設有萌孽，即時驅捕，亦易為力。[102]人生凡事固有定數，然其中以人力而猶能奪天工者有之。如取火鏡（某種透鏡）、指南針，一物之微，能參造化。至於推步七政之運行，寒暑之節候，日月之交食，皆時刻不爽。徒恃天工不盡人力，何以發造化之機，而時亮天工乎。

人之一生，雖云命定，然命由心造，福自己求。如依五星推人妻、財、子、祿及流年，日後試之多有不驗之處。蓋因人事未盡，天道難知。譬如推命者言當顯達，則自謂必得功名，而詩書不必誦讀乎?言當富饒，則自謂坐致豐亨，而經營不必謀計乎?至謂一生無禍，則竟放心行險，恃以無恐乎?謂終身少病，則遂恣意荒淫，可保無慮乎？江湖術士朱方旦，狂妄小人，蠱惑人心，以詭立邪說，煽惑巡撫、將官，處以立斬極刑。但盲者如羅瞎子，竟能占星，縱然封疆大吏亦可向彼諏詢。[103]

朕少年時，在興安嶺上，行茂林之中，迅雷忽作，乃避出茂林。雷止，朕遣人往視，樹木皆為迅雷所擊。可見上天佑護，非人力所能至，天象雖難揣測，而靈機閃動，亦可預知也。[104]朕讀《易》樂此不疲，以為觀象玩占，實覺義理悅心。朕諭講官，《易》理精微，文字難盡暢其意。[105]又文字有其侷限，蓋大抵天地之「元音」，發於人聲。人聲之象形，寄於書法點畫。[106]職是之故，朕勤學書法，每日寫千餘字，從無間斷。凡批答督撫摺子，及硃批上諭，皆朕親書。及至朕年老，凡古名人之墨蹟石刻，無不細心臨摹。（曩昔孩提時，朕即與宦官於宮中修習。）朕亦勤練滿文書法，務使清晰流暢。[107]朕尚留心聲韻：往昔見贊禮郎宣讀祝版，誦至朕名，聲輒不揚。朕曰：「豈可涉於慢易，嗣後俱高聲朗讀，無庸顧忌。」[108]

譯按：其意指君子態度果決，雖獨行途中遇雨，身上淋溼，並有怒氣，但沒有危險。猶如斬除柔弱的莧陸草，剛毅果斷地清除小人。居中行正，必定無害。

思

III Thinking

詠自鳴鐘[1]

法治西洋始，巧心授受知。
輪行隨刻轉，表指按分移。
絳幘休催曉，金鐘預報時。
清晨勤政務，數問奏章遲。
——玄燁　康熙四十四年

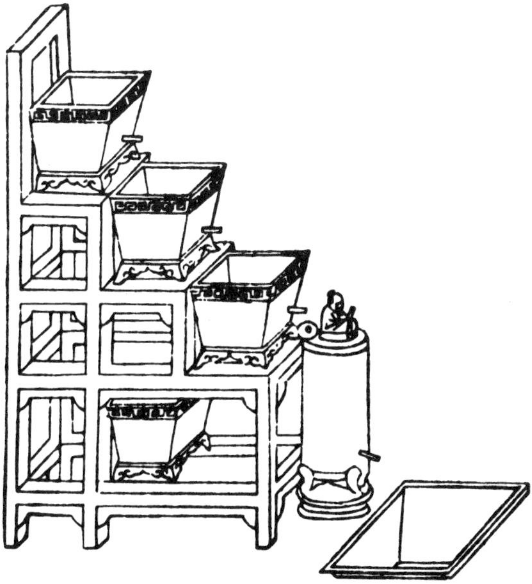

第三章
思

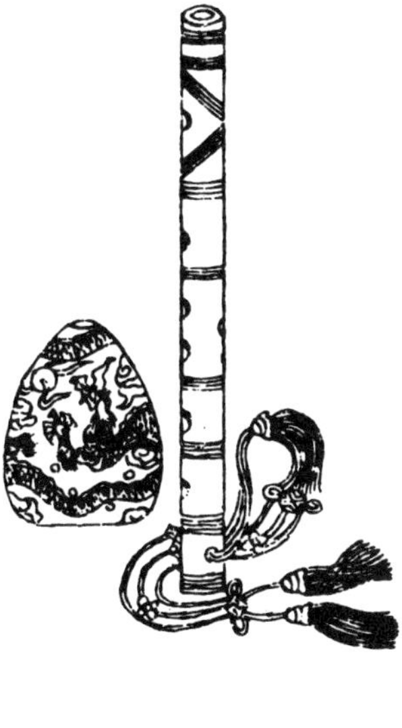

人多強不知以為知。朕自幼躬親窮究，不枉自以為知。每見耆老，必詳問其過往經歷之事，切記於心。虛心請益，自然精進；驕盈自滿，每下愈況。朕生性好問，縱然粗鄙之人亦有成理之言。朕對其所言必廣蒐來源而謹記之。[2]

大凡巧匠各有密傳技藝，決不肯見視外人。朕決不欺人，倘使彼等願開誠明奏，朕必謹守密傳而不告外人也。人若專心於一技一藝，無心猿意馬之圖，似能裨益筋骨：朕知明季善書法者、畫師、各式巧匠，俱享高壽，體魄強健，鬼斧神工之巧手，猶如壯年，如蘇州做樂器的周姓老人，或如南府教習朱四美，已屆八旬老人，於琵琶曲調仍行雲流水。[3]

凡事眼見為憑，徒尚空談，誠屬無用；道聽塗說，或盡信書，終淪為有識者笑柄。古人論「鹿」、「麋」有別，依其解角為證，而無視於其角不斷生長之理。究其實，鹿種繁多，棲息山澤江海之域，但古人多不識其中之分梳。[4]又以樂器「壎」、「篪」為例，《詩經》云：

伯氏吹壎，
仲氏吹篪。
及爾如貫，
諒不我知。

朝中翰林等凡作詩賦，多以壎、篪類比兄弟之情。待朕問彼等壎、篪之形貌，皆曰不知。朕遂於除夕之日，諭令太監自乾清宮陳設樂器中取壎、篪，示見翰林大學士、南書房漢大臣，彼等才知曉壎、篪為何物。音律之理亦同。六合之內、古往今來，音律之理皆同，然所製絲竹須與曲律相合，勤習和聲。[5]

潮汐之說，古人議論紛陳，總難知曉箇中實情。朕臨海邊，如山海關、天津、或長江江口之處，每察潮汐時刻。然詢問當地之人，所得時辰概皆不同，各地所載之起落時辰亦迥然有別。嗣後，朕得知泉、井皆有微潮，但亦難知確鑿時刻。朕問及西洋人與海中行船者，說法不一。顯見，朱子言潮汐之說，與月盈月虧相關，甚為有理，惟不知其中何解。[6]

朕謂讀書亦當體察世務，而臨事又應據書理以審其得宜。世人講論舊磁器皿，謂之「古玩」；然依理而言，舊磁器係昔人所用之舊物。惟今看來未必潔淨，不宜用於飲食，故置之案頭或列之書櫥，以作為一時之玩賞。再者，吾人亦可易其用，而改其本。昔日，朕琢磨人見人懼之賀蘭國（即荷蘭）刀，成一鐵尺，設於朕之書案上。耶穌會神甫安多（Antoine Thomas）見之謂，刀者兵器，人人見而畏之，今設於書案，人人見而喜持焉，乃吉祥之事也。難得之物，終為無甚奇處，如西洋國進貢之獅，眾阿哥已司空見慣。然聞見希罕之物，朕亦萌生獵奇之心，如朝鮮國王於朕北巡途中進貢海獅，朕即刻遣人回京，取洋人書籍，辨明該物。[7]

西洋人奇技亦然。明朝末年，西洋人作計時日晷始傳入中國，中國人多不識其為用途而貴為珍寶。順治十年，世祖皇帝得一小自鳴鐘以驗時刻，隨身攜帶不離左右；而今，吾人已知曉鐘內發條之法，調撥自鳴鐘，乃至製作自鳴鐘之理，眾阿哥若欲把玩自鳴鐘，人人皆可得十數個也。同理，洋人專擅之玻璃器皿，中土之人習得製造原理後，青出於藍；若非洋人國度地處環海而潮溼無塵，中國地燥多塵，中國漆器色澤之華美自是略勝洋漆一籌。[8]

凡讀書應疑之再疑，自是不為書冊所愚。吾人怎能確信董仲舒之云：「風不鳴條，雨不破塊，謂之昇平世界。」若無風在樹枝間鼓動，萬物豈能得生機？若無雨水滋潤，又如何播種大地？據此觀之，董仲舒之言無非粉飾空文而已，不可信以為真也。[9] 徐日昇（Thomas Pereira）向朕解釋，何以雄鹿用其角與樹木摩擦再三而使樹木發火，何以腐樹於黑夜中能生光。據古書載，學子幸賴袋中螢火蟲而深夜苦讀。但朕駐蹕熱河時，嘗諭令侍衛搜羅數百螢火蟲置於袋中，其光量不利覽讀。漢代東方朔記載，極北百尺永凍冰原，有千斤重碩鼠橫行其下，近有俄羅斯國人通報，果有如此冰原，其鼠大如象（亦即猛獁），其牙可製器皿。朕嘗親眼目睹此類器皿。此外，朕惟從書籍知曉之奇聞怪談，亦為心腹大臣所佐證。太僕寺卿喇錫、侍郎常綬謂，新疆全無水旱之災，惟或「穀米變蚊而飛，或穀熟時，穗內全然成血。」[10]

朕於南巡途中謂張英，向來常登寺廟，何用再登，朕喜臨未曾造訪之廟宇，無論其是否位於南方。朕親詣五臺山（於此朕手撰滿書碑文勒於石中），登泰山極頂（至孔子有感而發小天下之處）。康熙二十三年巡遊途中，朕拒侍臣觀捨身崖之請。百姓常至此絕崖峭壁自殺，捨身以救命若懸絲的雙親。朕拒不親詣此等妄誕之地，而寬宥愚民的無知；縱然出於盡孝之名，但既捨身，即不能終生奉養父母，亦是不孝也。[11] 朕一行轉往曲阜闕里孔子故居，祭祀孔子，聆賞絲竹之聲，選侍經筵講授《大學》、《易經》。朕又宣諭孔子後人衍聖公孔毓圻、族人孔尚任，引朕遍覽先聖遺跡。[12]

侍衛開啟諸器幃罩、拂拭灰塵，一一垂詢細節。朕問：「像始於何年？」「相傳東魏興和三年州刺史李珽始塑聖像。」「何代法物？」「漢章帝元和二年，親祀闕里，所留祭器。」「何像最真？」「惟行教小影，顏子從行者為最真。乃當年端木賜傳寫，晉顧愷之重摹者。」「大成殿書匾？」「宋徽宗飛白書。」

朕問孔尚任：「爾年幾何？」「臣年三十七歲。」又問：「爾去先師幾世？」「臣係先聖六十世代孫。」又問：「衍聖公係幾代孫？」「臣係六十七代孫。」「爾年三十七歲有幾子？」「臣有二子。」「爾年果三十七歲否？」「臣年三十七歲。」又問：「能作詩否？」「亦嘗學詩。」

朕觀先師孔子手植檜樹一株，問曰：「此樹未朽何以無枝？」「明弘治十二年，門殿被火，此樹在門殿之間，枝葉燒脫，孤幹獨存。今有二百年矣。不枯不榮，其堅如鐵，俗呼為鐵樹。」朕令侍衛撫摸良久，稱其神異。朕問：「漢碑何在？」「漢碑在奎文閣。」「此閣貯藏歷代書籍。」至同文門觀門右漢碑，孔尚任奏曰：「此漢元嘉三年，魯相乙瑛置卒史碑，今謂之百戶碑。」朕問：「何為百戶碑？」「歷代優崇之典於廟廷，設官四員，典籍、司樂、管勾、百戶，謂之禮樂農兵四司。今典籍、司樂、管勾皆奉朝選，惟百戶止由衍聖公。」

朕問：「尚有古蹟否？」奏曰：「前仰高門有璧水一曲，無源易涸。若導城東文獻泉入廟注之，斯璧水常盈，藻芹有託。但未曾奉旨，不敢輕開。」

闕里廟基廣闊，何處是先師故宅？朕據聞，廳堂之後有魯壁遺址，乃先師燕居之所。朕斜倚憑欄，慨然敬慕，汲水品嘗。朕問魯壁遺址。彼等奏曰，昔日秦始皇焚經書，孔子九世孫（孔鮒）預藏《尚書》、《論語》、《孝經》於壁中，至漢魯恭王始發現竹簡古文。朕諭令孔毓圻、孔尚任等指點其處，一一梭巡。13

先師墓前花草扶疏、林木蓊鬱，朕朝北面跪，捧明珠所端金，三酹酒，行三叩禮。朕問：「墓上是何草木？楷木何所用之？有蓍草否，取來朕看。蓍草一叢五十莖者，占筮方驗今果有否？」孔尚任奏曰：「林中蓍草雖多，其叢生五十莖者，下有靈龜守之，謂之瑞草，不能常有。今鑾輿經過，瑞草必生。」朕命人尋找蓍草，找獲幾莖。朕親摘一莖把玩，異香撲鼻。

遍覽四周後，朕入堂中，南面而坐，問曰：「孔林周圍幾許？」

「共地一十八頃。今二千餘年，族眾日繁，祔葬無所。」

朕問：「將如之何？」

「皇上問及此，真臣家千百世子孫之幸。但林外皆版籍民田，欲擴不能。尚望皇上特恩。」

朕回向侍臣微笑數語，轉曰：「即具奏來。」[14]

朕賞孔毓圻狐腋蟒袍一領，黑貂褂一領；從優額外授孔尚任兄弟為國子監博士。[15]

此行稍早，朕乘沙船渡揚子江，風浪恬靜，舟行甚速；然各式舟船俱試坐之，皆不甚妥適。厥後朕詣蘇州船廠，詳問造船要務，朕親自指示作「黃船」，盡善盡美，極其堅固。雖遇大風浪，坐此船毫無可慮也。朕對於大小事物必窮究本源，復廣徵眾議，然後實行之。[16]

朕明白西洋算術亦有可觀之處。朕踐祚之初即對西洋算術興味盎然，其間耶穌會傳教士湯若望（Adam Schall）與欽天監漢官楊光先不睦，相互參劾，而於午門外各展專擅，怎奈九卿之中無一知其法者。湯若望歿於軟禁，朕嗣後修習天文之理，於康熙八年赦免湯若望知交南懷仁，賜封官爵，又於康熙二十一年擢昇有加。康熙二十六年，耶穌會傳教士洪若翰（Joannes de Fontaney，或譯洪若）非法乘商船甫抵達中土，禮部行將驅逐出境，朕特允此一行人滯留北京；自康熙十九年，朕以滿文與南懷仁探討西洋技藝，亦諭令閔明我（Philippe Marie Grimaldi）、徐日昇等俱習滿文，俾以利與朕交談。[17]

俟《尼布楚條約》（*Treaty of Nerchinsk*）媾和後，朕諭令耶穌會修士安多、張誠（Jean-François Gerbillon）、白晉（Joachim Bouvet，或譯白進）俱習滿文，並用滿文撰書西方算術與歐幾里得幾何學論文。康熙二十九年後十年間，朕日日與耶穌會修士商議，數時才能罷休。朕與南懷仁詳察鑄造火之細節，命南懷仁修葺暗藏機關之大水法，在宮內打造風車。大阿哥胤禔領甫來華之博卡德（Brocard）與杜德美（Pierre Jartoux）修士監管養心殿營造事務，朕則監造自鳴鐘與機械。[18]徐日昇授朕以大鍵琴依八音階之律彈奏「布延州」曲，德理格（Theodricus Pedrini）向諸皇子講究音律之精微，格拉迪尼（Giovanni Gherardini）在宮內為朕繪製多幅畫像。[19]朕亦知曉計算球體、正方體、圓錐體之重量與體積，丈量河道的距離與角度。嗣候，朕於巡遊途中，依西洋算法，諭知監修河工主事計數確鑿之法。朕親視儀器，定方向。命諸皇子、侍衛等分釘樁木，以記丈量。朕遂取方形儀盤置於膝上，以尺度量，用針畫記，硃筆點之。朕畫地為記，曉諭臣工丈量土地畝數之法，縱然土地地形有犬牙出入亦無窒礙。朕又向群臣闡示，可先量河道閘口闊狹，計一秒河水流量，一晝夜河水流量多寡則可以數計矣。[20]

杜德美初進呈算日出入昏刻不同之表，朕以為不合用。後朕一改初衷，命杜德美再進呈該表。凡人孰能無過，但人有過多不自認為過，朕則不然。朕可推算何以北京可見月食，而西南之四川、雲南兩省月不食之理，此乃因地平線及地之體圓故，朕遂諭令四川、雲南另行奏明月食之象；朕亦能比之欽天監臣工，確鑿無誤推算日食之初虧、食甚、復圓。朕著皇三子胤祉測得暢春圓緯度高三十九度、五十九分、三十秒。[21]從來中國輿圖難以考信，經絡方隅迄無定論，朕遂諭令洋人自極南北達俄羅斯之境，自極東入西藏，依其算法，勘測天體度數，地表距離，以成皇輿全覽圖。

貴州巡撫劉蔭樞待耶穌會修士雷孝思（Jean-Baptiste Régis）、費隱（Xavier-Ehrenbert Fridelli）以欽差大人之禮，朕糾正並斥之竟以「大人」稱謂雷孝思、費隱，彼等僅係朕差遣至貴州勘會輿圖之人。[22]西洋之法雖與中土殊異，容或有精進可觀之處，亦了無新意。[23]凡算法之理，皆出自《易經》，西洋算法原係中國算法，彼稱「阿爾朱巴爾」（譯按）者，傳自東方之謂也。自古論歷法未言及地球北極之高度，自西洋人至中國方有此說，可見朱熹格物窮理之說乃至理：朱子論「地」時，比之為卵黃。西洋人算法之理與《易經》相通，亦有《河圖》、《洛書》四正四維之說，其一、三、九、七順而左旋者，參天之數也。中五特立，乃天三地二之合人位也。[24]

4	9	2
3	5	7
8	1	6

朕極推崇西洋人算術，以為「新法推算，必無舛錯之理」，「西洋曆，大端不悮。」朕亦附言道，此時或稍有舛錯，恐數十年後，所差越多。[25]

譯按：即代數 algebra 譯音。

西洋人終究鼠目寸光，總不及朕之一、二，況西洋人等，無一通曉漢書，惟白晉一人，其人焚膏繼晷修讀《易經》，稍知中國書義。西洋人說言議論，令人可笑者居多。他們如何言得「中國之大理」也？[26]西洋人種種違逆之為，或不諳中國之法，或為中國無知之徒所誑騙。教化王（譯按）使節多羅（Charles Thomas Maillard de Tournon，或譯鐸羅）所寫奏本，抬頭錯置，字眼僭越，用「皇」字稱謂其國人，不當用五爪龍邊之紙本等。[27]

多羅於康熙四十四年初抵京廷時身體違和，朕待之以禮，恩準伊前至殿外候傳，鞠躬致敬，免行跪拜大禮；但多羅既無法盤腿而坐，又無法採中國人的坐姿，朕特命宦官為多羅安置無褥墊長椅。值多羅中風疾病惡化，朕命人送他至湯山溫泉靜養。陛見時，朕賜多羅御饌菓品，且親執金樽賜酒，曉諭多羅，朕之特賜殊恩、備加榮寵，因他係教化王特遣使節，乃修道之人。[28]

然多羅乃偏信無賴之徒，顛倒是非。多羅上奏第一道奏摺中，提及伊此行目的有三：代表教化王巡視信徒，請朕躬安，兼謝朕歷年加恩優待在華傳教士重恩。此乃多羅先前托辭，朕諭令侍臣赫卡瑪轉告這位特使，此非甘冒危險千里迢迢跋涉東來之理；多羅才進一步吐實，謂教化王請准在華任命一謹慎、博學多聞之人駐在京城，職司教務「總管」，期使朕與羅馬教化王常通消息。朕忖想此亦枝微末節之請，設若這乃多羅出使之目的，自可速速返回覆命。朕費一番思量並閱覽在京耶穌會傳教士張誠、徐日昇、閔明我迻譯的多羅奏本後，以為此教務「總管」應係朕所熟悉，專擅漢文，精稔中國風土民情，卜居中土十年有餘，否則，易滋生誤會與困擾。朕終究亦不願派遣赫卡瑪常駐歐洲。多羅藉赫卡瑪之口告訴朕，勿命京城耶穌會傳教士膺任總管——朕遂探詢朝廷臣工，誰願承擔這乏善可陳的總管之職，並諭令耶穌會傳教士知會多羅，彼等無意謀求該職。張誠、徐日昇稟奏朕，北京與羅馬互通消息乃多羅特使此行圖謀之目的也。[29]

朕遂召多羅覲見，面諭多羅：「教化王身體無恙否？」

「身體安好，耳聞陛下優禮款待其使節，殊感愉悅。」

「爾言甚是，朕素來待西洋人寬宏大度。況寬宏大度並切合公理，乃治者所當

譯按：康熙不欲以「皇」字稱教皇。

為。寬宏大度自當出於公理，雖公理可以自行，然寬宏大度亦有自存之理。朕迄今寬宏大度以待西洋人，乃彼等行止得宜，謹守法度。若彼等初始即違逆律例，必依中國律例斷處。朕雖有意赦免，亦不得寬宥。」朕諭令通譯張誠務必嚴正強調此點後，又謂：「教化王與爾等定能恤勉遠道而來、經年離鄉背井之西洋人。」

此羅馬使節稟奏道：「遠臣實能憐惜彼等之艱熬，易地而處體認彼等旅途之疲憊。」

朕道：「此時此刻，吾等可不拘形式議論，甚或面露莞爾恣意放言。」

「陛下悠然經緯政務，治大國若烹小鮮。」

「爾尚有體力深談否？」

「陛下言談仁慈與大度，遠臣為之雀躍。」[30]

值此之時，朕命近侍為使節、通譯及隨侍添加菓品珍饌，追問道：「爾遠道而來有何事？朕先前經中間人數度盤問，猶記爾之稟奏。今爾人在此，自可坦蕩直言先前隱諱之事。勿慮爾之善辯，言談舉止當可自如，毋須掛礙。」多羅再次謝恩，且著手進行朕與教化王之間互通消息。多羅謂，對於西方諸國治者，此類交誼甚有裨益。

朕道：「擇爾中意之人料理此事。」

羅馬使節稟奏道：「承命辦理雙方邦誼之人，自當為教化王所親信，與西洋各國諸王王廷交好，尤須熟稔羅馬教廷。」

朕不禁揚眉，諭知多羅：「中國與西洋並無相關涉之事，朕念宗教之故容忍爾等，然爾等除掛念宣教及宗教義理之外，應概不予聞問。爾等雖源於各邦，所宗之宗教則如一，依此之故，即如所言，爾等皆能與教廷魚雁往返。朕不解爾所言教化王親信所指何人。吾中國舉才，不作如此分殊。某人與朕之朝廷親近，某人稍遠，某人甚為疏離。然此人若無耿耿忠心，朕如何委以重任？爾等敢於欺誑教化王乎？爾之宗教不容打誑語，打誑語之人必遭天譴。」31

羅馬使節答覆道：「卜居中土之傳教士，概為篤誠之人，然彼等對羅馬教廷一無所知。諸邦使節麇集羅馬，彼等皆專擅折衝樽俎，此等人於中土備受寵信。」

朕遂諭知多羅：「教化王果簡拔舉止合度、聰慧過人之士，猶如當今擇居中土者，該人必為拳拳款待。若此人盛氣凌人、唯我獨尊，如爾所請，必將徒生事端。

爾知彼等擇居中土凡四十年，若彼等對朝廷政務懵懂，遠道東來之人如何更勝一籌乎?朕惟恐難以一如往常，與該人共處。吾等須通譯，此意謂居間之猜忌、窒礙。此人恐有犯錯之虞，倘拔擢此人任教務總管，必代他人之過而賈禍，斷依律例論處。」

羅馬使節終究口吐人選，然朕說道：「自利瑪竇（Matteo Ricci）迄今，西洋人出入禁廷，朕斷無責備彼等之理。朕望此言公諸西洋人通曉。」多羅言使節已於東來途中，乞請朕矜恤，並稱頌朕本人。朕道：「爾諸事已畢，當詳稟教化王。」朕於殿門稍作躊躇，說道：「朕領會爾意。」及至多羅離去，朕面諭安多、徐日昇、張誠：「朕直言無諱賞識爾等，然多羅未嘗附言。多羅對爾等不抱善意可見一斑，甚是猜忌爾等。」[32]

西洋使節所關切「中國禮儀」之爭，朕雖百般琢磨，多羅卻堅不吐實。朕甚為同意康熙三十九年十月二十日北京會士上奏之請願書：「拜孔子敬其為人師範，並非求福、祈聰明爵祿而拜也。祭祀祖先出於愛親之義，依儒禮亦無求佑之說，惟盡孝思之念而已。雖設立祖先牌位，非謂祖先之魄，在木牌位之上。不過發抒子孫『報本追遠』、『如在』之義。至於郊天之禮典，非祭蒼蒼有形之天，乃祭天地萬物根源主宰，即孔子所云：『郊社之禮，所以事上帝也。』有時不稱『上帝』而稱『天』者，猶如主上不曰『主上』，而曰『陛下』，曰『朝廷』之類。雖名稱不同，其實一也。」[33]（譯按）

多羅難言之隱處，天主教閻當（或譯顏璫）主教一一表白。伊抵熱河稟奏朕，天為物，不可敬天，必當呼「天主」，方是為敬。閻當不惟蒙昧中國文理，且目不

譯按：這則請願書原係閔明我、安多、徐日昇、張誠用滿文起草，以解釋中國人之敬天、祭祖、祀孔的傳統，並非是宗教崇拜的異端行為，澄清歐洲宗教界所引發的「中國禮儀之爭」。康熙曾在奏本上硃批：「這所寫甚好，有合大道。敬天及事君、親敬師長者，係天下通義。這就是無可改處。欽此。」據李天綱《中國禮儀之爭：歷史、文獻及意義》書中所載，史景遷於本書所引 Antonio Sisto Rosso 這段西方通行之文字及康熙硃批，原係 Rosso 依據滿文原件回譯。一九七七年，日本天理大學天理圖書館（Tenri Central Library）發現本文件的舊刊本，有拉丁文、滿文、中文三種版本。查對光緒年間黃伯祿所撰《正教奉褒》一書，亦收錄這段文字及康熙硃批，惟若干字眼略有出入。

識丁，何能輕論中國理義之是非。譬如上表謝恩，必稱皇帝「陛下」、「階下」等語，莫非閻當以為陛下為階下座位，乃工匠所造？又如，臣民敬稱朕「萬歲」，非字義所指，自開天闢地以至迄今，止七千六百餘年，尚未至萬年。[34]譬如幼雛物類，其母若殞逝，亦必哀慟數日；伊等西洋人倘父母有變，卻置之不理，即不如物類矣。又何足與較量中國敬孔子乎？聖人垂教萬世，使人敬親侍長大道，此至聖先師應尊應敬也。伊西洋亦有聖人，因其行止足可典範，所以敬重之。西洋圖畫有「生羽翼之人」，彼謂「此係寓意天神靈速，如有羽翼，非真有生羽翼之人。」朕不解西洋字義，不便與之辯西洋事理，閻當知識偏淺，妄論尊聖。閻當冥頑不靈高談闊論數日，強壓慍怒，有辱使命地鎩羽而歸，實乃愧對天主教義理、違逆中國之罪人。[35]朕之皇太子胤礽曾於他處語白晉：「倘佛教等異教徒著衣，莫非爾等即袒胸露肚？彼修葺寺廟，汝建堂信奉上帝。爾自能虔誠奉教，若自矜自是，必招非議。」[36]

諸國必有一崇敬之神，我朝亦然，諸如蒙古、回子、番苗、猓猓（譯按）以及各國之人，皆有一所崇敬之神。誠如凡人各有一懼怕之物，有怕蛇而不怕蝦蟆者，亦有不怕蛇而怕蝦蟆者；[37]各方風土不同，語音字母殊異。[38]於天主教之中，耶穌會之人與「白多羅會」（Society of Peter）[39]之人彼此不和，白晉與沙國安（Mariani）不和；在耶穌會之中，佛郎機人（即西班牙或葡萄牙人）只進佛郎機人之教堂，法蘭西人只進法蘭西人之教堂。此乃違逆宗教義理。朕聞西洋人說，天主常引人行好，魔鬼引人行不善，由不得他矣。[40]

最終，朕諭眾西洋人，必遵利瑪竇之規矩，若教化王因而召爾等回西洋去，朕自會對耶穌會修士說：「爾等在中國年久，服朕水土，就如中國人一樣，必不肯打發（爾等）回去。」教化王若說爾等有罪，必定教爾等回去，朕即帶信與伊說：「徐日昇等在中國，服朕水土，出力年久。你必定教他們回去，朕斷不肯將西洋人活著打發回去，將彼等頭割了送回。」設若如此，爾等教化王即成了名副其實的「教化王」了。或者，朕倡議，既是天主教不許流入異端，白晉讀中國書，即是異端，即為反教，何不將白晉拿到天主堂，當眾將白晉燒死，明正其反教之罪，再將天主堂拆毀？[41]

譯按：又作玀玀，世居雲南、貴州、越南北方之原住民。

朕於康熙四十二年南巡途中，覺察傳教士散居中國各處，即提高警覺，希冀嚴加管束傳教士：不分國籍將之成群聚集城內，登錄名號、居址成冊，若無朕之應允，斷不可新設教所。此實因近日自西洋來者甚雜，亦有行道者，亦有白人假借為行道，難以分辨真偽。朕即下旨曉諭多羅：「以後凡自西洋來者，不欲復還者，許其內地居住。若今年來明年去的人，不可許其居所。此等人譬如立於大門之前，論人屋內之事，眾人何以服之，況且多事。更有做生意、跑買賣等人，益不可留住。」[42] 與多羅、閻當論辯之後，朕諭令眾傳教士領得印票才准於中國傳教，誓言永在中國傳教，不再回西洋，且遵循利瑪竇成規。朕著四五十位不願具結領票者放逐廣州；多羅押解澳門，多羅秘書畢天祥（Ludovicus Antonius Appian）關押京城。[43]

縱然嚴加管束，西洋人仍令朕寢食難安。我國船廠所造之船多賣至海外；據臣工奏議，海船龍骨必用之廣東特產鐵梨笏木被偷賣海外；呂宋、噶喇吧（即今日雅加達）等處，即為中國賊匪之淵藪；紅毛國人橫行南洋。朕傳諭廣州將軍管源忠細詢京師嘗於沿海地方居住者，並令沿海諸省總督到京會同詳議。「海外如西洋等國，千百年後，中國恐受其累。」此乃朕「逆料之言」。誠如朕前日之掛慮，俄羅斯國勢如在背芒刺。[44]陳昂將軍堅稱，紅毛國、法蘭西國、西班牙國、英吉利國虎視眈眈，傳教士、商賈勾結危害尤劇。朕不予苟同陳昂奏議將所有船隻繳械，惟重申康熙八年之諭旨，禁止西洋人至各省宣教。[45]

在京耶穌會三修士蘇霖（Jose Suares）、巴多明（Dominique Parrenin）、穆敬遠（Joao Mourao）覲見條陳：「臣等聞九卿議禁止天主教，議得很嚴。」

朕面諭伊等云：「未曾禁絕天主教，奏本內所禁乃未領票的洋人，領票者不在禁絕之列。」

「然奏本不見陛下之細分。」

「確已分明，朕詳閱奏本。倘爾等期使未領票之人能宣教，此斷無可能之事。」

「但奏本內引有康熙八年之旨意。」

「然，未領票之人，必依康熙八年例禁止，與領票之人無涉。」

「臣等恐地方官一體視之，禁止領票之人宣揚聖教。」

「果若如此，領票之人即出示印票，地方官自應允許宣教。爾等自可宣教，惟當視中國人願否聽爾等宣教。無印票之人，令彼等來京朝覲陛見，朕即發給印票。」

（言至此，朕不覺莞爾。）「然即領票之人，亦應允一時宣教。日後，再作定奪。」

「若地方官無端生事，臣等望陛下作主。」

「果有此事，俱奏來。」

「九卿羅織臣等謀反之罪，臣等萬萬擔不得。」

「爾等勿慮，此衙門套話。」

「俟諭旨公諸天下，衙門差役必大肆搜查傳教士與教徒，徒滋生事端。」

「詳細搜查有此必要。朕遣李秉忠前往廣州傳旨總督，諭令一一盤查，將未持印票者聚集一處。朕亦傳旨歸返廣州之總督楊琳，正待楊琳回奏。」[46]

多羅於陛見朕時曾云，在中國之洋人猶如滄海一粟，朕不由嗤笑。[47]洋人措辭之猥瑣、粗鄙，與和尚、道士異端小教相同，何以差別對待之？朕之御史論及，洋人上帝取人之靈魂與處子馬利亞之血形塑人體；聲稱耶穌降生於漢哀帝時，緣於人類之罪而釘死十字架；聚會時，奴隸主人、男女混居一室共用聖餐。朕問南懷仁，上帝何不寬恕其子赦免其不死？南懷仁雖為朕解說，朕仍難領會其意。又如，約當傳聞中之諾亞（Noah）時，中國亦有洪災之禍，一片水鄉澤國，但逃往山上之人皆安然無恙。朕諭洪若翰，朕樂於見識其所謂之奇蹟，然迄今仍未能親眼目睹。[48]

曩昔，僧家、道士一一列記度牒，各寺觀方丈、道長須登載徒眾——未經朝廷應許，不容彼等在京城街市誦經、化緣或宣揚聖像，或為病人降魔驅邪治病。中國僧家、道士人數滋繁，據康熙六年列記在冊者共十四萬零一百九十三人，散居七萬九千六百二十二座各式寺觀，[49]然天主教徒人數之眾亦不遑多讓。朕於康熙二十七年嘗面詢南懷仁，伊稱僅京城一地，即一萬五千七百五十八人之眾。[50]朕心知肚明，諭令禁絕寺觀於事無補，然循「防微杜漸」之理亦無傷大雅。據此之故，朕諭令禁絕諸如「無為教」、「白蓮教」、「聞香教」、「原龍教」、「沈陽教」等邪派，嚴懲未如實稟奏治下異端首酋之官吏。朕亦嚴行禁止「香會」，其會眾男女雜處，或出賣淫詞小說及各種秘藥；[51]朕亦傳諭焚削肆口妄談、倒置是非之書版，嚴加查禁私刻文集——但天文算數之書不在禁止之列。[52]

朕治理期間，唯僅處斬撰述逆書之人戴名世。伊自求學即撰書、刊行悖逆之言，尚且與投效反賊吳三桂之方家（譯按）交好；戴名世入翰林院，仍隱匿早年所著之書冊。在戴名世所撰《南山集》，伊沿用負嵎頑抗之南明三朝年號，無視於我大清定鼎中原。戴名世妄稱，依儒家修史之理，南京之「弘光朝」、福建之「隆武朝」及先於廣東、後輾轉雲貴間之「永曆朝」，理應載於史冊。戴名世論說，我朝嚴行查抄，世人多對明朝之傾覆諱而不談，竊國者之斑斑史跡盡燬、湮沒。戴名世坦言，據伊所知，各式書刊並未盡收於朝廷，即使「史館」言明搜購之書刊，幾無例外；戴名世亦知，告老隱士所撰之書冊仍祕藏山野。戴名世妄言賡續司馬光、班固遺風，不令史實盡燬於清風而灰飛煙滅，力蒐斷簡殘篇，匯聚成冊。依刑部察審，戴名世應即行凌遲，年十六歲以上之男眷解部即行立斬，眾女眷給功臣家為奴。朕於心不忍，從寬免凌遲戴名世，著即處斬；並此案牽連人犯，俱從寬治罪。[53]

纂修史書本為史臣之職，朕對我朝所修史書之任，無容他諉，倘稍有不當舛誤，後人將咎歸於朕，《宋史》、《元史》之修可引為借鏡。不惟如此，且元人譏宋，明人復譏元，朕不似前人，動輒譏笑亡國也。

然明朝亦有匪夷所思之事。明季崇禎嘗學乘馬，令兩人執轡，兩人捧鐙，兩人扶鞦，仍已墜馬，乃鞭責馬匹四十，發配驛站當差。再者，有建殿巨石不能過午門，崇禎亦命將巨石綑打六十御棍。朕御極之初，常傳諭尚存之明季太監如袁本清，詳問明朝史實。此外，朕亦命四川籍戶部尚書張鵬翮，問其父親是否悉知流賊張獻忠屠戮四川之事；朕亦曾親見張獻忠被俘之養子，彼等三人之耳鼻皆被割去之說，誠屬確鑿。[54]

大凡史書皆有訛誤，不可盡信。如《史記》、《漢書》皆載，項羽坑殺秦軍二十萬。二十萬士卒豈有束手待斃之理乎？朕遍覽明代實錄，立言過當、記載失實之處不勝枚舉，如太后召崇王入宮，縱使《尚書》已有先例記載，群臣仍期期以為不可，或有百官跪於殿外，夏月天時炙熱，乃至人多暴卒——但朕曾親見將士披堅執銳，戮力於烈日之中，未聞因中暑而致死者；或有將明朝國祚顛覆，盡諉罪於太監一說。朕以為明之亡，緣起於朋黨紛爭，在朝臣子，一心以門戶勝負為念，置封疆社稷於度外。[55]朕又面詢宮內太監，俾以了解歷史細節之來龍去脈。楊漣、左光斗二人在午門前受御杖而死，非歿故於獄中；天啟皇帝呼太監魏忠賢為「老伴」，

譯按：指著有《滇黔紀聞》的方孝標家族。

凡事皆委之獨攬；明季皇帝俱不甚熟諳經、史，但崇禎頗能讀書。或有陳述明代崇禎皇帝之死：流賊將至，崇禎率太監數人，微行至襄城伯父家，其家方閉門外出觀戲，不得而入。崇禎四顧無策，猶欲出奔，太監王承恩阻攔曰：「出奔恐受辱於賊。」崇禎乃罷議，以身殉國。而隨崇禎自縊之太監者，係此王承恩，非書中慣記之「王之心」。故我世祖皇帝曾御製「王承恩碑文」，以旌表其忠。[56]

因史料散佚，故纂修《明史》甚難。天啟朝實錄有殘缺，崇禎朝無實錄，僅能就所有「邸報」編纂事蹟，或但觀野史記錄，其中舛誤甚多。修史史官語多抱怨，自萬曆以後，三朝事繁而雜，難以理出頭緒。又，明代實錄，自宣德以後，頗多訛謬。[57]

進而言之，明代相距不遠，亦難免滋生偏淺之見。朕詳晰批閱《明史》本紀、列傳，並面諭示警纂修《明史》諸臣，切莫輕淡譏議前代君上，朕雖貴為今主，亦願供後世公論，而盼能以前代君主為殷鑑。[58]朕諭知修史諸臣，作文豈有一字一句不可更改者，況今觀翰林官所撰祭文碑文，亦俱樂於改易。朕本人摘略匯纂《資治通鑑》論斷——三年內，朕於《資治通鑑》綱目大全諸書，皆逐行以硃筆親手點定

——且命大學士等善勵杜訥。（唐太宗能聽言納諫，故君臣情誼浹洽。）[59]朕諭令修史諸臣，俟《明史》修成之日，應將實錄史料並存，令後世有所考據。從來論人甚易，自省則難，若不審己之行止，而徒輕議古人，雖文辭可觀，又何足道哉？[60]洪武、永樂二帝，宏圖遠邁前王，我朝現行規矩，因循洪武、永樂二朝而行者甚多，宣德亦為守成之賢君，不應輕論之。同時，不應將崇禎與「亡國之君」同論，其未嘗不求勵精圖治，然國之頹勢難挽。明之天下，隳墮於萬曆（神宗）、泰昌（光宗）、天啟（熹宗）三朝，故不應入崇祀之內。[61]

修史宜直書事實，豈能空言文飾；切勿限期緊迫，以致要務多所疏漏。朕諭進呈平定三逆（藩）方略之大學士等云：「是非得失，天下自有公論，豈譽之而增高，不譽而加損也耶？大抵記事，欲得其實而已。」[62]

甘肅巡撫齊世武勒令地方百姓立德政碑，俾以表彰其治績。朕命齊世武降五級留任，示警曰：「凡居官果優，縱欲禁止百姓立碑，亦不能止。如劣跡昭著，雖強令建碑，後必毀壞。聞昔日屈盡美，為廣西巡撫，回京時，百姓怨恨，持鍬钁鋤其馬跡。庶民之心，豈能強致耶？」[63]

壽

IV Growing Old

賜老大臣[1]

舊日講筵剩幾人，徒傷老朽並君臣。
平生壯志衰如許，諸事灰心賴逼真。
求簡邊巡多恍惚，遇煩留滯累精神。
年來辭賦荒疏久，覓句深慚筆有塵。

——玄燁　康熙五十九年

第四章

壽

北巡期間，朕賜高士奇「益元散」，治其鼻衄不止及下痢。益元散藥方為：熟附子、乾薑、甘草、人蔘、脈門冬（去心）各一錢，五味子十五粒，黃蓮、知母各五分，蔥白四莖，生薑五片，大棗四枚。此方可治戴陽躁渴悶亂。2

戶部尚書王騭語朕，其居常服用藥餌「萃仙丸」，五十年不輟，以是幸享八旬高齡。朕命王進呈萃仙丸藥方，敕太醫院依方調配。萃仙丸藥方為：白蓮蕊陰乾四兩，川續斷酒炒三兩，韭子微炒二兩，枸杞子四兩，芡實四兩乳汁伴蒸，沙苑蒺藜

微炒四兩，兔絲餅二兩，覆盆子酒炒二兩，蓮肉乳汁拌蒸三兩，懷山藥乳汁拌蒸二兩，赤何首烏四兩九蒸九晒，破故紙三兩酒炒，核桃肉二兩，龍骨三兩水飛，金櫻子三兩去毛，白茯苓二兩乳汁拌蒸，黃花魚鰾三兩炒成球，人參二錢，煉蜜丸如梧子，淡鹽湯下。王覺察，此藥方於四川尤具功效。四川天候陰溼、悶熱交替，可防瘧疾。陳調元（此人服萃仙丸，八十歲尚生一子）貽王萃仙丸藥方。張璐大夫得此藥方，將之收錄在其所撰醫書；張璐之子張以柔於朕南巡途中進呈此書。張璐所調藥方，加一味山茱萸，但去韭子、核桃肉，另用白蜜封凝成丸狀。淡鹽湯下，空腹服之。[3]

魏象樞先後於保定府、侍經筵時兩度昏厥，朕賜之「六君子湯」——人蔘、白朮、茯苓、半夏各二錢，甘草、陳皮各一錢，加生薑、大棗，清水煎服。可治脾胃虛弱、不能運化、胸滿腹脹、大便溏泄。[4]朕遣御醫李德聰，為老臣張玉書把脈，亦賜之六君子湯。嗣後，李德聰診視曰，張玉書服六君子湯，六脈漸平，四肢浮腫消除，氣力復濟，調理後已無他患。[5]老人肚腹不調者，朕常賜之蒸熟「人參陽春白雪膏」。萬善殿太監和尚（譯按），有治痢疾水瀉藥膏，亦可試用。[6]

藥品迴異有別，有用新苗者，有用曝乾者，或以手折口咬，撮合一處。開立藥方必先洞察病源，方可對症施治。又嘗見藥微如粟粒，而力等大劑，此等非金石之酷烈，即草木之大毒。古人有言：「不藥得中醫。」非謂有病不用藥也，而唯恐其誤投藥耳，故對脈象審究詳明，推尋備細。康熙十二年，時值朕青壯之時，嘗躬奉太皇太后「滋補之劑」。但康熙四十九年朕親服此類溫補之藥，乃知溫補之藥非平常人所宜，醫必深明乎此，然後可無錯誤，不然，徒加重其疾病耳。朕諭李光地，宜戒慎服用溫補之藥。服補藥，竟屬無益。[7]藥性宜於心者，不宜於脾。宜於肺者，不宜於腎。吾滿洲老人多不服補藥，而皆強壯，朕從不服補藥；如使人「推摩」（按摩之謂），亦非所宜。推摩則傷氣，朕從不用此法。

健康之道，惟飲食有節，起居有常，如是而已。[8]身體若有不豫，凡生冷硬物斷斷吃不得，鵝魚亦當謹忌。家禽、羊肉、豬肉宜熟爛，不可燒烤。查慎行患腹疾，

譯按：《掌故叢編》頁二十b，原文如此，和尚應係依滿文音譯。

朕賜以西洋上藥，並遣內侍傳示曰：「調飲食最為緊要，醫書有云：『非溼熱不作瀉，非停食不作痛。』又云：『通則不痛，痛則不通。』人皆知其調理，至飲食之時則不能矣。」江南提督昭武將軍楊捷，前於閩省駐師掃蕩海賊之時，累身受鹵溼之苦，七十三歲猶能彎弓射箭，惟日日食粟一升、肉半斤，奉行簡單之「養身術」。

誠如老子所言：「知足不辱，知止不殆，可以長久。」凡人飲食之類，當各擇其宜於身者，所好之物不可多食。即如父子兄弟間，我好食之物，爾則不欲；爾不欲食之物，我強與汝以食之豈可乎？[9]農夫之所以身體強壯，至老猶健者，皆飲食淡薄之故也。朕每歲巡行臨幸，嘗喜食各地所栽植蔬菜，於身有益。高年人飲食每兼蔬菜，食之則少病。朕巡行臨幸時，百姓爭相進所得鮮果蔬菜等類，朕只略嘗而已。此非朕惡食鮮果蔬菜，蓋因百姓為盡微誠，所進鮮果蔬菜皆為初出。然鮮果蔬菜於正當成熟之時，食之氣味甘美，亦且宜人，故朕必待其成熟之時始食之。[10]

江北之人強壯，其飲食斷不可執意仿效大江以南單薄之人。不惟各處水土不同，人之腸胃亦迴異有別。[11]是故，朕初見王隲病容滿面，體瘦髮蒼（五年前，朕始知王隲之養生秘方乃得自萃仙丸藥方），諭知朕平素簡樸之食，其中有鮮奶、醃鹿舌鹿尾、蘋果乾、奶酪。[12]

疾病各有不同，治療成效不一，若不見療效而頻換醫人，乃自損其身也。人有病請治醫療，必以病之始末詳告醫者，則治之亦易。若隱匿病史，不以病原告之醫者，徒誤自身矣。[13]醫者術業有專攻，本朝太醫院共有御醫一百餘人，設十一科，各專一科，分別舉行考試、當差學習：大方脈、方脈、傷寒科、婦人科、瘡瘍科、鍼灸科、眼科、口齒科、咽喉科、正骨科、痘疹科。若有醫術精湛之御醫，如眼科醫生閔體健，朕亦不時遣其攜特調藥方、金針，診療朕之股肱重臣。凡告老還鄉之耆舊大員，若有疾者，於太醫院藥房諸醫中，惟其所欲，延往調治，不必奏聞。蓋若必俟奏請醫，恐或緩不濟急。[14]

朕在宮廷內步步設防，令藥房醫官會同內監，就藥房合藥，將藥帖連名封記，具本記載本藥方藥性及治症之法；煎調之藥，由藥房醫官及內監試而服之。[15]同理，洋人進貢之奎寧丸，朕亦命宮外之人及皇族先行試服。[16]西洋醫生知識廣博、醫術超卓：其所釀之葡萄酒，乃滋補之品，羅德先（Bernard Rhodes）以白蘭地酒加肉桂，治癒了朕心悸之疾。朕命羅德先同植物學家鮑仲義（Giuseppe Baudino）、藥劑師魏彌喜（Miguel Viera），及御醫馬之駿、唐虞際，隨朕巡遊。[17]紅毛醫生醫術果真神乎其技。昔日，藍理將軍於征臺澎湖一役，迎敵礮，腹中彈，拖腸而出。紅毛醫生診治之，藍理遂無恙。嗣後，藍理「破肚將軍」之號不脛而走。朕於南巡途中遇藍理，命藍理解衣視之，撫摸傷處，嗟歎良久。[18]

用藥須與疾病相投。如蒙古人有損傷骨節者，則採擷青色草名「綽爾海」之根，食之甚有裨益。朕令人驗之，綽爾海即中土之「斷續」。查昇因墜馬手痛未癒，十指不能屈伸，比復發腫。朕傳諭令宰一羊，乘熱以兩手入羊胃，旋即痛止。征伐噶爾丹之役，朕於沙漠瀚海得「止血石」。朕雖不知止血石其性如何止血，凡吐血、衄血、便血，帶此石多有止者。朕亦有「避風石」數珠，最利風疾，朕嘗以避風石為恩賜之禮。滿洲、蒙古將關外及口外所產之「奄格」（譯按）（朕遍查漢書，無有記載此果名色者），曝乾食之，俾利於和脾養胃止瀉去溼。朕喜新鮮，將之移植熱河避暑山莊。此果性熱，斟酌用二三匙即可也。設若頭悶，可用「通關散」：用之吹鼻打噴嚏，則已解不正之氣過半矣。再用「九合香」，薰薰亦好。[19]

近世之弊端，在於人多自稱家傳妙方可治某病，病家草率遂求而服之，往往藥不對症。然醫家對妙方之療效亦多所猶疑。醫家若開一方於前，又列數方於後。此一方果若盡善，則彼數方者，又何用乎？[20]職是之故，其睿智及醫術，總不及《黃帝內經》諸篇之義蘊。[21]朕睽其義理頗為淺薄，依朕所讀各家醫書，彼誇誇其談醫術凌駕古人，此言乃屬子虛烏有。今之醫生若肯以應酬之工，用於誦讀醫理，推求奧妙研究，審醫案、探脈理，治人之病視如己病，不務名利，不分貴賤，則臨症必有一番心思，用藥必有一番見識。然如今世俗庸醫，乃市井無賴之徒居多，總不據理望問，信口胡謅，杜傳開方，所以誤人不計其數。朕深為傷心，卻無法可施。蓋彼等以行醫小業維生，雲遊四方，各處餬口，各省督撫難以查拏。[22]

朕聞太監顧問行學醫，諭之有志於學醫，何畏乎不成？唯恐其大放厥辭，半途而廢。醫理雖無聖賢之經文，性理之奧妙，其理不為不深。論脈，有三部、五臟、七表、八裏、九道之類，紛紜不一。論理，則有素問、難經、脈訣、分病、立方，

譯按：yengge，〈聖祖諭旨〉之原始材料以滿文記此名，史景遷譯成yengge。

醫書千卷，不能枚舉。朕黽勉顧問行曰：「若溯源細求，耑心學之，未嘗不成。但觀者為爾不能無慮也。恐勞心半途而成病，用力未成而年邁，曾未治人先不能治己，豈不痛哉？若學平常市井之俗醫，不如不學。」[23]

有道士大言不慚，自誇修養得法，可以返老返童。但朕經年觀察，究竟如常人齒落鬚白，漸至老態。觀此凡世術士，俱欺誑人而已，神仙豈會降臨塵世哉？彼等自吹自擂，旋即不攻自破。曩昔謝萬誠、王家營欲以「煉丹」取信於朕，朕聽其言妄誕不足信，乃醉漢、痴人之囈語。朕諭謝萬誠、王家營曰：「從來神仙之術，非一門，路甚廣。方士之言，一聞輕信，其禍匪淺。況朕已閱者不止數百人，雖用功各異，來歷則同。久而久之，往往自不能保，或有暴死者。」大道之理，難以三言兩語解釋殆盡。彼等甚至口出誑言妄語：「盜天地，奪造化，攢五行，會八卦，永遠不老可致，做釋迦、做玉皇。」聞之心寒膽顫，愈加令朕難以置信矣。

謝萬誠起初云，七月後，香氣可自體內而出，外氣不入，但不及二月，謝萬誠即另有推諉之辭。朕觀謝萬誠、王家營二人行徑，與平常人無異：眼目昏花、齒落髮白、步履艱難、精神不濟，談論稍多，便體力不支。

朕諭謝萬誠、王家營曰：「倘朕努力用功入於此道，朕所益不敢為，乃是不誑之中實不敢誑之大道也。朕只以歲月推長，見爾等水落石出，有真神仙之氣相憑據。朕雖不信，五內自服矣。何苦著急如此。」

還有諸多非常詭譎之舉，如避穀、納氣、二便、嘻水、採戰、鉛汞、煉丹、內丹之類，朕親身目睹者不計其數，哪肯輕信一言。朕向來以忠厚待人，凡有此者，必令罄其所會，可者試看，不可者也就罷了，總未追究其根據。前者謝萬誠、王家營所煉丹者，皆是此道，待之非有信也。誠然，自有「水落石出」之驗矣。又如朕耳聞，有人立於某地數十年，或靜坐於密室多年，此乃無稽之談。朕深知，久坐者斷難直立，久立者斷難安坐。縱有鬼神奇技，亦難有此等能耐。江南百姓王來熊嘗獻煉丹養身秘書一冊，朕不信其書，擲還之。[24]

滿人薩滿巫師乃向神靈祈禱，賜吾等壽比南山之福澤：「啊！在跟前指引吾，與吾同行，前後護衛吾，全力祝吾心想事成，活到髮蒼齒黃，延年益壽，體魄強健。得神靈護持，家神庇祐，必能長命百歲。」[25]

牙齒未脫落者疼痛難忍，已脫落者則痛止，何苦問治牙痛方？況我朝先輩有言，老人牙齒脫落，於子孫有益。此乃福澤綿長之嘉兆也。有自幼隨朕之近侍，時常以齒落身衰，不得食諸美味，行走不能及人為恨；朕年高，齒落殆半，食物雖不能嚼，但朕心欲食者，則必令人烹爛或擣成醬，以利下飯。[26]

凡人修身治性，皆當平日養成。人於平日養生，以怯懦機警為尚。未寒涼即添衣服，然冬月寧可衣服過厚，卻不用火爐。蓋近火爐者，衣必薄，出外行走必致寒感。由此朕未曾染患寒感，且能於冬月出獵；雖天候冷冽，出獵從不下帽簷，故面龐耳朵未嘗凍傷。同理，朕自幼習慣心靜，故能不搖扇、摘帽，而身不熱。甚至夏月盛暑不開窗，不納風涼，此即古人所謂：「但能心靜，即身涼也。」朕每見人深秋多有肚腹不調者，此皆因外貪風涼、內閉暑熱之所致也。

宜忌之處必當忌之。凡穢惡之處，切勿身臨，倘遇不祥不潔之物，即當遮掩躲避。有氣味惡臭，比之廣西瘴氣還甚，侵入腦子。是故，凡居家在外，惟宜潔淨。人平日潔淨，則清氣著身，若近污穢，則為濁氣所染，而清明之氣漸為所蒙蔽矣。但亦不宜潔淨成癖，以致衣服稍有污染，則棄而不用；或下人著履者，皆不許入內；所居之室，一日掃除數次；親屬所餽飲食，俱不肯嚐。[27]

不可訕笑殘疾之人，即如跌蹼之人，亦不可哂弄。或有無知之輩，見殘疾者每取笑之，其人若非自招斯疾，便殃及子孫。即如哂弄跌蹼，不旋踵間或有失足。[28]滿洲人最忌諱令人攙扶；即便曩昔朕足背浮腫之時，不良於行，稍一觸碰，不勝其痛，以是用手帕纏足，乘坐軟輿，才命隨侍稍作扶掖挪移。朕亦不令人攙扶，不持杜杖，惟大祭行禮之時，兩旁命人稍微扶助即可。但今之少年，反令人扶掖，兩手攙臂，觀之甚是可厭。我等為人上者，罹疾便有許多人扶持使喚，心猶不足。如彼內監或是窮人，一遇患病，能使喚誰，雖有氣，但向誰出耶？[29]

倘藥石罔效，朕便祈禱皇天上帝，祈請庇佑，誠如朕為祖母太皇太后親撰祝文曰：「臣仰承天佑，奉事祖母太皇太后，高年荷庇，藉得安康。今者，疹患驟作。一旬以內，漸覺沉篤，旦夕可慮。臣夙夜靡寧，寢食捐廢。處治藥餌，遍問方醫，罔克奏效。五內憂灼，莫知所措。」四年前，朕嘗請祖母太皇太后幸五臺山禮佛。朕觀五臺山奇景，群山層巒萬疊，一澗飛瀑周流。天風颯然，雪霽千岫堆瓊，松杉夾道。但祖母太皇太后從未親睹五臺山景緻，從未臨幸五臺山聖境禮佛。去歲春日，朕即探勘路途。此番，朕親領服侍祖母太皇太后之太監趙守寶前行，督工拓砌山徑，令人演試用輦。每至陡峻處，校尉昇輦，步履傾側，朕不敢下視。朕自幼未嘗登牆一次，每自高崖下視，總覺頭猶眩暈，如彼高牆，何能登上。朕奏聞祖母太皇太后，告之五臺山地勢險絕，並諭令內監稟奏祖母太皇太后其親眼所見，想必祖母太皇太后已有體會。祖母太皇太后旋即納朕所勸，曰：「嶺路實險，予及此而止，積誠已盡。五臺山諸寺，應行虔禮者，皇帝代我行之，猶我親詣諸佛前也。」[30]

厥後，祖母太皇太后昏迷，朕日日隨侍左右，雖知祖母太皇太后食不下嚥，然凡所須湯藥肴饌，無不齊全，唯恐祖母太皇太后有所遇而不能備。朕隔幔靜候，席地危坐，一聞祖母太皇太后聲息，即趨至榻前。祖母太皇太后臨終之前，朕隨侍身旁三十五晝夜，衣不解帶，目不交睫。凡坐臥所需及飲食肴饌，無不備妥，如糜粥之類備有三十餘品，期使祖母太皇太后若稍有欲用，可一呼即至。祖母太皇太后撫朕之背，垂淚啜泣。[31]

遺棄病篤老人斷不能姑容；吾人可用錢兩資助、或延聘醫生，亦應遣派知交故友與病人閒話家常，扶持垂垂老矣之忠臣，或朕弟兄之僕人，或於塞外飽受水腫之苦的耶穌會傳教士翟敬臣（Charles Dolzé），或宮內年邁公主。朕之姑母、皇太極之女、巴林淑慧公主，至彼年邁彌留之時，即迎至京師。凡一切應用之物，朕皆承理，以終天年。及公主病篤，見朕親臨視疾，含笑而逝。誠如朕於歎悼所言：「病篤之人，朕見者亦多矣。如此含笑而逝者，從未一睹。」[32]

吾人亦可餽贈禮物取悅老人。巴林淑慧長公主每年皆進奉祖母太皇太后及朕各種油凝乳餅、羊臘，祖母太皇太后及朕則回贈以貂皮外褂、貂軟袍、黑狐皮、綢緞。朕與之以物，必擇其人所需用，或其平日所好之物贈之，始足以盡朕之心懷。不然但以人與我何物，而我亦以其物報之，是彼此易物名而已，毫無實意。朕將南巡途中品嘗過之櫻桃，馳送京師進獻孝惠皇太后享用。朕自邊外獵獲虎肉（以草裝匣打包）進奉祖母太皇太后，并一架自鳴鐘、一架百花洋鏡。朕賜太子胤礽內置躍動鳥兒之自鳴鐘，賜索額圖望遠鏡一架，賜張伯行眼鏡一副，賜高士奇朕自佩之鼻煙壺二枚並鼻煙一瓶，賜李光地玉泉山水——蓋因京中南城水甚是不堪，李光地肚腹不好，須得好水。親情與孝道乃出於天倫至性與自省，並不限定朝見日期、不拘於禮節法度。[33]

彭定求年屆七旬，朕賜之以「夔龍格水松花石硯」一方，上有銘文曰：「以靜為用，是以永年。」朕能久坐，與諸臣議論政事，或與文臣講論書史，即與家人閒暇談笑，率皆儼然端坐，此乃朕躬自幼習成。每日得一兩個時辰靜功，可以補數日之辛苦。如何說得難以靜養，況朕靜功已久，少得「真靜」，但不能致其所以然耳。皆因業深障蔽之故，所以自責自備而已。[34]

王楨貫通三教，純以自然無為、存神順化為本，似真得為已知學者。王真人嘗云，上智片時得效，中資旬日得效，最下亦不逾月必見端倪。朕遣范弘偲考王真人「危坐」之法。范弘偲即如法危坐，直至餓時為出。靜候畢，略步一刻，即仍前坐。初時，目前一片明境界。片餉，覺目前有大片黃黑。腹中煖氣騰起後，但見純黃色煖氣竟不斷絕。覺一時辰之後，便置身晦冥，似睡非睡，又炳朗如初。此似道入杳冥之說也。大約一時之頃，必杳一回。而杳冥之候，尚不滿一盞茶時。范弘偲定後詢之，王楨云：「是將會合兆也。」太監李興泰、馮堯仁坐時更比以前靜定。但范弘偲、李興泰、馮堯仁稟奏，王真人之功夫口訣不容輕授。

朕細量王楨，心生諸多揣測：倘朕遂行其危坐之法，到時恐誤政事。又入道之後，又怕不能脫身。依孔子之教誨，見識必然隨年歲漸增而成長；據《黃帝內經》

之說，身體之發育亦有其必由之規律：二八（即十六歲）腎氣盛，天癸至，精氣溢寫，陰陽和，故能有子；三八腎氣平均，筋骨勁強，故真牙生而長極；四八筋骨隆盛，肌肉滿壯；五八腎氣衰，髮墮齒槁；六八陽氣衰竭于上，面焦，髮鬢頒白；七八肝氣衰，筋不能動，天癸竭，精少，腎臟衰，形體皆極；八八則齒髮去。人雖可常保精力不洩，但難以傳承子女。[35]

皇父世祖章皇帝二十七歲駕崩，朕未得一日於皇父膝下承歡。朕八歲之時，即截髮素服，將父皇梓宮安奉乾清宮，張繡九龍黃綺帳幔，鐘聲劃破冬月京城。生母孝康章皇后十五歲時產下朕，皇父駕崩後不旋踵即辭世。康熙二年，朕將母后祔葬於孝陵，與皇父及皇父寵妃、死後追封為孝獻皇后之董鄂氏長眠九泉。[36]是時，祖母太皇太后再三諭止，不令朕親送孝康章皇后梓宮。今朕之諸皇子及太皇太后，擇於孝陵鄰近處安葬。朕已薨逝之三位皇后，亦於他處皇陵靜候朕。永陵、福陵、昭陵（譯按）等祖先皇陵，連同孝陵，皆由欽天監有司杜如預、楊弘量看定。皇陵四周群山環抱，主脈乃太行山迆邐東來。山陵呈龍騰鳳翔之勢，河流於遠方山嶺兩分，流至龍虎谷匯聚。[37]

年歲之於朝綱，利害參半。顧朝有老臣則利治天下，彼等無可瓜代，是故應令其保全體魄，延年益壽。[38]朕諭大學士等，年過六旬之大臣，令其量力而為，間隔二三日一來啟奏。至於摺本，遇緊要之事，朕有旨傳進，方來請旨。朕降旨召黃宗羲至京輔佐，不以專司任事。然黃宗羲年過八旬，以老病推辭不就。施琅以年力已衰為由，祈請告老還鄉。朕對之曰：「為將尚智不尚力，朕用爾以智，豈在乎手足之力乎？」大學士馮溥六十二歲始屢以老病乞休，朕反問馮溥：「果不肯相助為理耶？」馮溥雖年歲已高，但六十四歲猶未衰也。朕將馮溥留用至七十五歲，諭之曰：「今後雖無有職掌，仍可常至瀛臺一看。」[39]

吾人應軫恤體肥及老疾者，天時暑熱，勿令彼等急行。可於陰涼之地，暫為止息。朕心憫念舊臣年老衰邁，能步履者，令其上朝。如不能者，則聽其家居，勿強也。朕亦免老臣每日黎明齊集午門外候奏，令彼等於家中各進糜粥，按時來奏。大臣節勞養體，亦可多為朕效力數年。朕不容年邁老臣輕言參劾，但求其不犯法，不貪瀆，即已矣。再者，年齡之準，不必一體適用所有職官。督撫大吏，坐而辦事，必須老成歷練者，方能得當。州縣官之職司，奔波訪視，尤須精力充沛，則不可適用之。又，官員輪調新職，須嚴正思量。如師懿德本籍甘肅，轉調署理江南提督。江南天氣溼熱，師懿德飽受疾病摧殘。初即患肚腹泄瀉，又起癰毒瘡疹，左臂左腿時常麻木，心神怔忡不寧，飲食減少。有鑑於此，朕準師懿德請假休養。40

或有年老戀棧職位，體衰昏憒廢事者，應勒令休致。如河工靳輔年老昏耄，專長已失。或有疾病未癒，應解任調理者。如安徽巡撫李鈵，面色黃瘦，口角歪斜，不能疾走。或有無效力勤勞之處，又恣意妄言，即當黜退，勿令其久占官職，徒使之榮顯。有年老衰邁，應題請告休，未乞休者，著令革職。凡年老者，不令休致，則其下官兵皆老弱者。41

為人臣者，每每以年老糊塗，推諉職責。朕又安能以年老糊塗之由，卸下重擔？

譯按：據《欽定大清會典事例》第九百四十三卷記載，永陵位於興京啟運山（今遼寧省新賓縣永陵鎮西北），內葬努爾哈赤先祖。福陵位於盛京天柱山（今瀋陽市東郊渾河北岸，俗稱「東陵」），為清太祖努爾哈赤與孝慈高皇后之陵墓。昭陵位於盛京隆業山（今瀋陽市北郊，俗稱「北陵」），為清太宗皇太極與孝端文皇后的陵墓。此係滿人入關前之「盛京三陵」。

朕年歲既長，心神恍惚，福盡禍至，「泰」卦之境已去：

……治者

天地交，泰；

后以財成天地之道，輔相天地之宜，

以左右民。

「否」卦之頹敗險象踵繼而來：

否之匪人，不利君子貞。大往小來。

則是天地不交萬物不通也，上下不交而天下無邦也。

內陰而外陽，內柔而外剛，內小人而外君子。

小人道長，君子道消也。[42]

康熙二十八年南巡，朕由江寧登舟而下，江風大作。百官危懼，欲捲帆而止。朕獨令揚帆，御風而行。朕佇立船頭，射獵江豚，心神暢快。後又南巡，乘船渡江，微覺心動。今見人渡江，即為心悸。43

年歲漸高，今吾人不能久耐。朕年少時，不解老者所云：「人至高年，則不能耐暑。」厥後朕年至五旬，即不能耐暑，稍受熱則煩悶而不能堪。細思其故，蓋由人年壯，血氣強盛，水火平均，所以不顯。年高則血氣衰敗，水不能勝火，故不能耐暑。

康熙二十八年，朕初體會自幼過勞，思慮所及已不復從前。目力不能書寫細字，諸疾時而發作，不離灸艾——其裊裊氣味，即令朕頭眩。朕時年三十又五。康熙四十七年，朕五十四歲，始覺暈眩，廢立太子胤礽事出多端，朕深懷愧憤，日漸鬱結，以致心神耗損，形容憔悴。康熙五十六年，朕知年歲日增，血氣漸衰，征討叛徒策妄阿喇布坦，羈延遲疑。如當朕少壯之時，早已成功矣。然今朕腿膝疼痛，稍受風寒，即至咳嗽聲啞。44

昔大學士阿蘭泰、伊桑阿上奏，彼等年老，請旨事件，每有遺忘，故祈請告老還鄉。朕諭之曰：「大學士最為重任，必平坦雍和，辦事敬慎者，方為稱職。至於記事，可由學士分任之。」然朕觀今時學士，皆不及昔年阿蘭泰、伊桑阿，俱能強記，又善於辦事；奏本惟以一二語約略言之，於事不細觀強記，而欲苟且偷安，令朕臨事難以定奪。

年屆耄耋，朕雖能記細節之事，如額德勒呼涉及刑案，此人四十年前乃一弓匠。但今凡事易忘，向有怔忡之疾，越覺迷暈。朝政之事，尚能記之。看過之書，今已不能俱記矣。朕覽過之書，日月間隔，僅記片段內容；縱然朕知應稽考某卷某處，該書陳列何方。朕嘗諭馬齊：「朕一生所賴，惟在記性。」[45]

人在童稚之時，精神專一通利，長成以後，則思慮散逸外馳。是故，應須早學，勿失機會。朕七八歲所讀之經書，至今五六十年猶不遺忘；至於二十以外所讀經書，數月不溫，即至荒疏矣。然人或有幼年坎坷，失於早學，則於盛年尤當勵志。蓋幼而學者，如日出之光，壯而學者，如炳燭之光。[46]

V Sons

江寧駐蹕皇太子啟至請安兼報讀完四書[1]

先聖有庭訓，所聞在詩禮。雖然國與家，為學無二理。
昨者來江東，相距三千里。迢遙蘇北云，念之不能已。
凌晨發郵筒，開緘字滿紙。語語皆天真，讀書畢四子。
齠年識進修，茲意良足喜。還宜日就將，無令有間止。
大禹惜寸陰，今當重分晷。披卷慕古人，即事探奧旨。
久久悅汝心，自得當夔美。

——玄燁　康熙二十三年

玄燁生於順治十一年三月十八日。

御極之初，即順治十八年，阿郁錫之女、蒙古科爾沁博爾濟吉特氏，奉命入宮服侍玄燁。

康熙四年，玄燁與領侍衛內大臣噶布喇之之女赫舍里氏舉行大婚，厥後冊封赫舍里氏為孝誠皇后。

康熙六年，榮妃馬佳氏產下一男，三歲殤逝。

康熙七年，妃嬪張氏產下一女，三歲殤逝。

康熙八年，孝誠皇后赫舍里氏產下一男，三歲殤逝。

康熙九年，惠妃納喇氏，產下一男，一歲夭折。

康熙十年，端嬪董氏產下一女，兩歲殤逝。榮妃馬佳氏產下一男，兩歲夭折。

康熙十一年，惠妃納喇氏產下一男，係玄燁的皇長子胤禔。

康熙十二年，榮妃馬佳氏產下一女，是為榮憲公主。

康熙十三年，妃嬪張氏產下一女，四歲殤逝。榮妃馬佳氏產下一男，夭折。孝誠皇后赫舍里氏生下第二子，後難產薨逝。這個孩子取名胤礽，乃皇二子，嗣後冊封為太子。三日後，貴人兆佳氏產下一女，是為端靜公主。

康熙十四年，榮妃馬佳氏產下一男，兩歲殤逝。貴人納喇氏產下一男，五歲夭殤。

康熙十六年，榮妃馬佳氏產下一男，是為皇三子胤祉。

康熙十七年，自幼入宮的德妃烏雅氏，產下一男，是為皇四子胤禛。

康熙十八年，端嬪董氏產下一男，一歲夭折。貴人郭絡羅氏產下一女，是為恪靖公主。郭絡羅氏其姊宜妃，產下一男，是為皇五子胤祺。

康熙十九年，德妃烏雅氏產下第二男，是為皇六子胤祚，但五歲殤逝。成妃戴佳氏產下一男，是為皇七子胤祐。

康熙二十年，良妃衛氏，時為宮女，產下一男，是為皇八子胤禩。

康熙二十一年，德妃烏雅氏產下一女，兩個月即夭折。

康熙二十二年，皇貴妃佟佳氏，厥後於薨逝前一天冊封為孝懿皇后，產下一女，早夭。貴人郭絡羅氏產下一男，一歲夭折。宜妃郭絡羅氏產下一男，是為皇九子胤禟。德妃烏雅氏產下一女，即溫憲公主。溫僖貴妃鈕祜祿氏，產下一男，即皇十子胤䄉。

康熙二十四年，貴人納喇氏產下一女，是為純慤公主。宜妃郭絡羅氏產下一男，是為皇十一子胤禌，但十一歲即殤逝。溫僖貴妃鈕祜祿氏產下一女，一歲夭折。定嬪萬琉哈氏產下一男，是為皇十二子胤祹。

康熙二十五年，德妃烏雅氏產下一女，十一歲殤逝。敏妃章佳氏產下一男，是為皇十三子胤祥。

康熙二十六年，敏妃章佳氏產下一女，是為溫恪公主。

康熙二十七年，德妃烏雅氏產下一男，是為皇十四子胤禵（後易名為胤禎）。

康熙二十八年，貴人袁氏產下一女，是為慤靖公主。

康熙三十年，敏妃章佳氏產下一女，是為敦恪公主。平妃赫舍里氏，即已故孝誠皇后之妹，產下一男，二個月薨逝。

康熙三十二年，密嬪王氏產下一男，是為皇十五子胤禑。

康熙三十四年，密嬪王氏產下一男，是為皇十六子胤祿。另一位妃嬪王氏，產下一女，十二歲薨逝。

康熙三十六年，勤嬪陳氏產下一男，是為皇十七子胤禮。

康熙三十七年，妃嬪劉氏產下一女，兩歲薨逝。

康熙四十年，密嬪王氏產下一男，是為皇十八子胤祄，但七歲薨逝。和妃瓜爾佳氏產下一女，夭折。

康熙四十一年，妃嬪高氏產下一男，兩歲薨逝。康熙四十二年，高氏又產下一女，亦兩歲薨逝。康熙四十五年，高氏又產下一男，是為皇二十子胤禕。

康熙四十七年，妃嬪鈕祜祿氏產下一女，夭折。

康熙五十年，妃嬪陳氏產下一男，是為皇二十一子胤禧。妃嬪色赫圖氏產下一男，是為皇二十二子胤祜。

康熙五十二年，另一位妃嬪陳氏產下一子，夭折。妃嬪石氏產下一男，是為皇二十三子胤祁。

康熙五十五年，妃嬪陳氏產下一男，是為皇二十四子胤祕。

康熙五十七年，史未記名之妃嬪產下一男，出生之日即夭折。

康熙有后妃三十人，共生下五十六個子女：二十個女兒，其中僅八個長大成人、完婚；三十六個兒子，其中二十個長大成人，計有十八人生育子嗣共一百二十三人。[2]

第五章
阿哥

朕常對諸皇子說：「春夏之時，孩童戲耍在院中無妨，毋使坐在廊下。」

朕常告誡諸皇子，切勿如無賴小人，動輒惡言相向，宜把持喜怒之氣。少時血氣未定，戒之在色，壯時血氣方剛，戒之在鬥。朕後宮只三百人，未近使之宮女，年近三十者即出，由其父母令婚配。汝眾阿哥宜效法朕行，切勿浪擲金錢於女子脂粉，並節用宮中氈毯等物。勿羨千金衣裘——此非必需之物，且風尚捉摸不定：朕少時貴人所尚者唯貂，續有狐皮、天馬（即銀鼠）之類。朕之駙馬耿聚忠著一銀鼠

皮褂，眾人皆環視以為奇，而今銀鼠能值幾何？

朕亦常語之諸皇子：「生日為載誕昌期。」[3]

朕幼年習射，眾人皆稱曰善射，唯獨一耆舊教射師傅不虛意奉承，不為苟同。正因彼嚴格傳授，朕方能騎射精熟。[4]故朕日率諸皇子及近侍侍衛人等，於花園射鵠演練。朕又訓誡彼等，我朝舊典斷不可失，服、食、器、用，應承我朝古制，不可隨昔金、元二代君主，因久居漢地，漸入漢俗。故朕倡言，彼等應快意於無垠天地之間，斷不可如漢人自作聰明，閉鎖於狹隘之室。[5]

朕諭之諸皇子，為學之功有三等：汲汲然者上也，悠悠然者次也，懵懵然者又其次也。而懵懵者非不向學，唯心未達也，誘而達之。惟悠悠者最為害道，因循苟且，一曝十寒，以至皓首沒世。故朕寧彼等為學循循而入，漸漸消化，不可躐等而進。[6]

自孩提以至十餘歲，此數年間，渾然天理知識未判。一習學業，則有近硃近墨之分；及至成人，士農工商各隨其習。故凡人應令天性、學業、習氣，各安其分，斷無終南捷徑之理。[7]

教子若溺恤過甚，反而害之。嬌養長大成人，若非痴獃無知，即任性狂惡。看來教子必自幼嚴飭之為上。[8]

朕之諸皇子多令人視養。大阿哥胤禔養於內務府總管噶祿處；三阿哥胤祉養於內大臣綽爾濟處；五阿哥胤祺養於孝惠皇太后宮中。[9]二阿哥胤礽，乃孝誠仁皇后所生之獨子，兩歲時冊立為皇太子，由朕親養於東宮。胤礽四歲時出痘痊癒，朕心欣悅，遣官致祭圜丘、方澤、太廟、社稷，重賞醫官甄國鼒。朕，一國之君，喣嫗撫育胤礽。胤礽幼時，朕親教以讀書。繼令大學士張英、熊賜履教以性理諸書，又令老成翰林官隨從，朝夕教誨，胤礽不可謂不知義理矣。胤礽善讀書，工騎射；師從翁叔元修讀《尚書》，觀賞王原祁作山水畫。朕躬親調教胤礽治國方略，父子倆共同商議內亂對應之策，朕親征噶爾丹時，亦著胤礽代理朝政。[10]

然戰事方歇、班師回京時，朕聞悉膳房人花喇、額楚，與名叫德住之孩童，及茶房人雅頭，私在皇太子處行走，甚屬悖亂。朕著將花喇、德住、雅頭處死，將額楚交與伊父圈禁家中。其餘諸皇子亦為朕惹事生非。敏妃喪未滿百日，誠郡王胤祉未請旨即行剃頭，殊屬無禮，朕著將革去親王爵。康熙二十九年出兵征討噶爾丹時，大阿哥胤禔聽信讒言，與朕之皇兄撫遠大將軍、和碩裕親王福全不相和協，須下令著撤回京。四阿哥胤禛幼年時喜怒不定，朕躬亦親撫育，[11] 但彼等行止，皆不若胤礽那般恣行乖戾，無所不至，令朕赧於啟齒。胤礽遣人邀截外藩入貢之人，將進貢之馬匹，任意攘取，以致蒙古俱不心服；其人賦性奢侈，著伊乳母之夫凌普為內務府總管，俾伊便於取用；朕及諸阿哥生病時，伊毫無憂慮友愛之意；更可議者，伊每夜逼近御帳，割縫窺視。[12]

康熙四十一年，胤礽患病，駐蹕德州行宮，朕召其舅索額圖前去奉侍。然索額圖不但狂妄跋扈，乘馬至皇太子行宮中門方下，眾人無不聳懼；朕還耳聞索額圖高談殺人等暴戾之事。故朕於康熙四十二年，據索額圖家僕之告發，將索額圖鎖拏圈禁，並告領侍衛內大臣等：「果至可殺之時，索額圖能殺人，或被殺，俱未可料。雖口稱殺人，被殺者誰乎？」朕忖思，朕若不先發制人，索額圖必先下手。故朕差人至索額圖宅抄搜，查得書函甚多，嗣後將索額圖處死。[13]

朕始疑慮胤礽密謀為索額圖之死復仇。朕難測今日被鴆，明日遇害，晝夜戒慎不寧。似此之人，豈可付以祖宗弘業？且胤礽生而剋母，諸事豪奢，難以饜足，且迭干預政事。14

康熙四十四年，朕聽聞蘇州有不肖之徒鬻賣孩童。朕先打探宮內可否如此行者，並諭王鴻緒細細打聽是否有這等事，並密奏朕知悉。王鴻緒密查後奏報，江南確有多起鬻賣孩童之事。有人鬻賣於當地官員、商賈，或商賈親友；有人則船運京城，由各處中人販賣。朕之侍衛五哥，以七十兩至四百五十兩不等之價，向范姓之人買三名女子。另，侍衛邁子、廣善庫郎中德成格亦買女子數名。

此等買賣或係合法，然范溥一案則另當別論。范溥身負公務，持有御箭，遂假以御箭，帶領娼妓於京城行走，攀交侍衛、王公。范溥甚至濫權徇私，脅迫地方官員，坐視其強買良家之子。范溥以白銀五百兩，強買趙朗玉家人之子。其子並非戲子，然范溥經蘇州督糧同知姜弘緒出票，遂強要去。其母向知縣伸冤，知縣反判其母誣告，將之下獄治罪。其訴狀石沉大海。范溥強買平人子女，皆託御前人員之名，其子女下落總不可問。姜弘緒所出之票上，女稱「玉蛹」、男稱「小手」。

王鴻緒還奏報康熙四十六年朝廷官員抵虎丘之時，范溥向伊程姓親戚云：「有漢大臣說我不好，我不去送駕罷。」此程姓親戚云：「是太監與你的信嗎？」范溥云：「不是太監，是御前第一等人與我的信。」朕問王鴻緒：「此第一等人是誰？」於是王鴻緒又問此程姓親戚，其所言「第一等人」為親近侍衛，還是更上一層之人。此程姓親戚畏懼異常，不敢說出其人名。朕雖不知此第一等人是誰，但可確定絕非侍衛馬武。[15]

朕嘗降旨訓誡，斷案之時，縱臣僕有獲罪者，絕不寬貸，但亦毋輕聽人言，橫加僇辱。[16]朕耳聞諸阿哥恣意妄行，苦毒撻辱諸大臣侍衛，作威作福，朕後於康熙四十七年辛未，命侍衛吳什、暢壽，太監存柱，傳諭隨從、諸大臣曰：「爾等有所聞見，亦應據實上陳。若一切隱諱，後來漸至殺人，亦將隱而不奏乎？爾等隱而不奏，即爾等之罪矣。若吳什、暢壽、存柱三人，將朕斯旨或隱一言，不宣諭明白，使眾咸知，即將伊等正法。」[17]

六日後，朕召諸王、大臣、侍衛、文武官員，齊集行宮前，命皇二子、太子胤礽跪，聽宣朕諭：

「朕承太祖、太宗、世祖弘業，四十八年於茲，兢兢業業，軫恤臣工，惠養百姓，惟以治安天下為務。

「今觀胤礽，不法祖德，不遵朕訓。惟肆惡虐眾，暴戾淫亂，難出諸口。朕包容二十年矣。乃其惡愈張，僇辱在廷諸王、貝勒、大臣、官員，專擅威權，鳩聚黨羽。窺伺朕躬，起居動作，無不探聽。朕思國惟一主，胤礽何得將諸王、貝勒、大臣、官員任意凌虐，恣行捶撻耶？如平郡王納爾素、貝勒海善、公普奇，俱被伊毆打。大臣官員，以至兵丁，鮮不遭其荼毒。朕深悉此情。因諸臣有言及伊之行事者，伊即讎視其人，橫加鞭笞，故朕未將伊之行事，一詢及於諸臣。」

朕痛下決定，廢黜太子胤礽，俱將索額圖六子立行正法。[18]朕傳諭滿洲大臣，解釋朕心痛憤之由：「朕歷覽書史，時深警戒，從不令外間婦女出入宮掖，亦不令姣好少年隨侍左右。守身至潔，毫無瑕玷。見今關保、吳什俱在此，伊等自幼隨侍朕躬，悉知朕之行事。今皇太子所行若此，朕實不勝憤懣。」[19]

然朕命侍衛吳什等傳諭諸臣、侍衛及官兵，此事皆清結，餘眾毋須危懼；嗣後雖有人舉發，朕亦不再追究，輾轉搜求，旁及眾人。然朕惆悵不寧，心中煩悶，故於眾人危懼不安之處，未暇宣明諭旨。[20]朕不免忖思，胤礽通達義理，備受悉心呵護，竟有如此悖理妄行之舉？朕觀胤礽行止，與常人大有不同：晝多沉睡，夜半方食。飲酒數十巨觥不醉，米食數盅不飽。見鬼物，心神難定，居所更迭。遇陰雨雷電，則畏懼不知所措。每對越神明，則驚懼不能成禮。言語顛倒，似有鬼物憑之者。朕猶記，胤礽宮人所居擷芳殿，陰黯不潔，居者輒多病亡。胤礽往來其間，致中邪魅而不自覺。以此觀之，種種駭異舉動，皆有鬼物使然，致使胤礽竟不能得恩遇近侍之人心。[21]

及至康熙四十七年十月，朕才從皇三子胤祉得悉，胤礽的確中邪矣。胤祉牧馬場有蒙古喇嘛巴漢格隆，自幼習醫，能為巫蠱之術。大阿哥胤禔得知，便傳巴漢格隆同另外兩位喇嘛，魘魅胤礽。朕聽聞服侍胤礽之人奏稱，十月十七日，進胤禔寢宮，搜出魘魅胤礽之物時，胤礽忽似瘋癲，備作異狀，幾至自盡。諸宦侍趨前抱持環守，過此片刻，遂復明白。朕夢見太皇太后，臉色殊不樂，但隔遠默坐，與平時不同。[22]

朕初謂魘魅之事，雖見之於書，亦未可全信。今始知其竟可惑人心志。胤礽從前諸端惡行，朕皆信以為真。今觀之，實啟人疑竇。[23]

其他阿哥亦胡作非為。皇長子胤禔魘魅胤礽，朕諭令鎖拏。胤禔與胤礽一般，秉性躁急，兇頑愚昧。胤禔嘗苦刑胤礽處所有工匠，致匠人逃遁，且有自縊者。胤禔為人雖知君臣大義，護衛朕，然如此行事，豈可立為皇太子。胤禔甚至直言無諱，奏云：「胤礽所行卑污，大失人心。欲誅胤礽，不必出自皇父之手，後可冊立皇八子胤禩為皇太子。」胤禔此言，或據相面人張明德之說：胤禩「後必大貴」。[24]

朕據此說，遣官鞫訊相面人張明德；官員奏報，張明德乃順承郡王（布穆巴）管家阿祿引薦，轉介賴士公、普奇公，後由順承郡王薦於直郡王（胤禔）。鞫訊時，張明德供稱：「我信口妄言，皇太子暴戾，若遇我，當刺殺之。」張明德又揑造大言云：「我有異能者十六人，讓兩人見王。聳動王聽，希圖多得銀兩。又由普奇公，薦於八貝勒。看相時，我曾言：『豐神清逸，仁誼敦厚，福壽綿長，誠貴相也。』」鞫訊官員奏議，應將張明德斬立決；但朕以為：「張明德情罪極為可惡，著淩遲處死。行刑之時，可令事內牽連諸人往視之。」[25]

朕著鎖拏胤禩；皇九子胤禟、皇十四子胤禵卻為胤禩懇求說情，朕怒而出佩刀欲誅之，嗣後朕亦寬宥了胤禟、胤禵。[26]牽連此案者甚廣：胤禩乳母之夫雅齊布之叔吳達理，邀結蘇努為黨羽；而蘇努其祖曾罹大罪，太祖皇帝置之於法，蘇努欲為其祖復仇。胤禩之妻係安郡王岳樂孫女，而安郡王岳樂妃子乃索額圖之妹，其子乃胤禩妻之母舅，不服於胤禩之妻。於是朕惟能溫言相勸諸阿哥順服：「眾阿哥當思朕為君父，朕如何降旨，爾等即如何遵行，始為臣子之正理。爾等若不如此存心，日後朕躬考終，必將朕躬置於乾清宮內，爾等束甲相爭耳。」27

及至十月中旬，群臣紛條陳保奏廢皇太子胤礽，然朕警示群臣，朕雖時加詢問胤礽前事，非朕已寬宥胤礽，癥結猶懸而未決：「其附廢皇太子之人，不必喜；其不附廢皇太子之人，亦不必憂。」丙戌之日，朕召滿漢文武諸臣，齊集暢春園，命蒙古科爾沁達爾漢親王額駙班第，會同滿漢大臣詳議立嗣之事。朕諭言，除大阿哥胤禔所行甚謬，虐戾不堪外，「於諸阿哥之中，眾議誰屬，朕即從之。」商議鎮日，群臣大抵莫不敢言；惟明珠之子揆敘、遏必隆之子阿靈阿、佟國綱之子鄂倫岱，以及王鴻緒薦舉八阿哥胤禩。朕否決此議，諭云：「立皇太子之事，關係甚大，爾等宜盡心詳議。八阿哥未嘗更事，近又罹罪，其母家亦甚微賤，爾等宜三思。」

商討議論羈延，太監李九功、李玉往返於朕之寢宮與商議廳堂，居間傳遞議決之事。朕對二內侍雖信任有加，然朕以為諸臣猶心存疑懼，且立嗣關係甚大，非二內侍口傳能定。於是朕以為，召諸臣覲見面談，各出所見，各書一紙，奏呈朕覽。但暮日黃昏，朕令諸臣退，可再熟思之，明日拂曉再來。

翌日，朕諭知諸臣夜中胤礽之夢，且朕始信魘魅之事。「群臣皆合一否？」「臣等無不同心。」「爾等既同一心，可將此御筆硃書，對眾宣讀，咸使聞知。」諭曰：「前執胤礽時，朕初未嘗謀之於人，因理所應行，遂執而拘繫之，舉國皆以為朕所行為是。今每念前事，不釋於心，一一細加體察，有相符合者，有全無風影者。況胤礽所感心疾，已有漸癒之象。不但諸臣惜之，朕亦惜之。今得漸癒，朕之福也，亦諸臣之福也。朕嘗令人護視，仍時加訓誨，俾不離朕躬。今朕且不遽立胤礽為皇太子，但令爾諸大臣知之而已。胤礽斷不報復讎怨，朕可以力保之也。」[28]

乙丑之日，科爾沁達爾漢親王額駙班第等請復立皇太子事，具疏上奏，然朕予以留中。庚子日，朕復封胤禩為多羅貝勒。[29]翌年，即康熙四十八年，正月，癸巳，朕召領侍衛內大臣、滿漢大學士及各部尚書，查明胤禩黨羽之幕後主事者。議論延宕鎮日，甚或迄於晚朝，然朕以為務必究其根源。張玉書始開口奏曰：「馬齊云：『眾意欲舉胤禩。』」馬齊憤而駁斥張玉書之說，伊說伊答張玉書之確切講法係：

「尚未定，聞眾人之中有欲舉八阿哥者。」馬齊說罷，拂袖而去。故朕著和碩康親王椿泰審鞫馬齊等，椿泰覆奏，馬齊及其兄弟俱應立斬，族人有職者革職，其妻子發配黑龍江。但朕赦免馬齊死罪，著胤禩嚴行拘禁。科爾沁達爾漢親王額駙班第，及滿漢文武官員奏請復立皇太子，朕准奏。朕近來劇疾少癒，胤礽在朕前守視湯藥，其被鎮魘詛咒，以致迷惑之處，已然痊癒。此皆仰賴天地祖宗，眷顧朕歷年勤瘁。正月中旬，朕或循河道，或走陸路，偕皇太子胤礽，同皇四子胤禛、皇七子胤祐、皇八子胤禩、皇十三子胤祥、皇十四子胤禵、皇十五子胤禑、皇十六子胤祿，巡幸畿甸。時值上天降雪，透地四、五寸不等，於田禾大有裨益。三月，在大學士溫達、李光地主持下，復立胤礽為皇太子。[30]

康熙五十年十月冬，曩昔爭端又於暢春園復燃。朕云：「今國家大臣，有為皇太子而援結朋黨者。諸大臣皆朕擢用之人，受恩五十年矣。其附皇太子者，意將何為也?此事惟鄂繕知之。」

都統鄂繕奏曰：「臣蒙皇上豢養擢用厚恩，若果如此，豈敢隱諱。」

兵部尚書耿額奏曰：「臣實不知。知之敢不陳奏?」

刑部尚書齊世武奏曰：「臣於各處並不行走，此事誠不知也。」

朕云：「朕聞之久矣。因訪詢未得其實，故遣人追問都統都圖云：『今有人首告，供出爾黨，爾據實奏聞，不然將爾族誅。』所以都圖俱開寫陳奏矣。」於是朕遂出示都圖之奏摺。

朕又命將包衣張伯良縛出，令張伯良在副都統間認看，供出副都統悟禮。朕問張伯良曰：「實有此人乎？」張伯良奏曰：「是實。」朕又問曰：「蘇滿已啟程，楊岱為何不來？」某臣奏曰：「因病未來。」朕問張伯良曰：「有楊岱乎？」

朕轉問都統迓圖曰：「爾知鄂繕行事否？」迓圖奏曰：「鄂繕在眾前，常言感激皇恩，欲行效力。其曖昧事，臣不得知。」「有汝否，迓圖？」「無。」

朕語鄂繕等曰：「朕不得實據，豈肯屈無辜之人。爾等謂朕年高，於是邀結黨羽，肆行無忌。今在朕前，爾等能行何事？且有何顏面，仰視天日？諸臣不入爾黨者甚多，爾等視之，寧不愧乎？」

悟禮奏曰：「臣蒙皇恩，授為副都統，又身係宗室，豈肯行此等事。臣居宅與鄂繕宅近。鄂繕曾具酒食延臣是實，並無與伊結黨之處。」

齊世武奏曰：「臣性不能取悅於人，素無朋友，久在皇上洞鑒之中。不知都圖為何仇恨微臣。此等之事，臣並不知。惟有鄂繕延臣用飯一次，臣亦回請一次，若果結朋黨，自當族誅。」

朕曰：「爾云各處俱不行走，為何又供出彼此延請之事？」

齊世武奏曰：「鄂繕之母係佟氏，以舅呼臣，故有彼此延請之事。」

對此，朕曰：「齊世武乃最無用之人，犬豕不如。伊等將如此齷齪之人，援入黨內，有何益處？耿額乃索額圖家奴，在烏喇時，諂媚索額圖，饋送禮物。於索額圖案內，即應誅戮。朕特寬宥之。今乃負恩，造謀結黨。伊等所行，皆由耿額。」

耿額叩首，辯道：「臣蒙皇上隆恩，苟有此事，即當凌遲。」

朕曰：「索額圖之黨，竟不斷絕，俱欲為索額圖報復。豈伊等祖父，皆索額圖之奴僕乎。此事正黃旗大臣無不知之。曩者，鄂繕自謂為郭爾羅氏，欲入朕之旗下。朕不俞允。隱之至今，未一明言。伊並不思朕之恩德，反結黨妄行，洵不肖之人也。」朕諭令鎖拏鄂繕、耿額、齊世武、悟禮。質審確鑿，齊世武、鄂繕株連京城步軍統領託合齊；伊等包攬情弊，貪污納賄，人盡皆知。如證據所示，前自謂「不與人往來」之齊世武，行事悖亂，不時請人會飲。伊等索賄巨額銀兩，罪證確鑿，朕降旨著伊等監候，秋後處決。[31]

所有鞫訊，無不牽連胤礽。朕旨諭宗人府衙門：「此等事俱因胤礽所致。胤礽行事，天下之人，無分貴賤，莫不盡知。若果以孝為本，以仁為行，天下人皆知其係朕之子，必無異心。」不思如此，胤礽反倒令浮雲蔽日，小人當道。康熙五十一年冬，胤礽狂疾又發，朕難以見容；胤礽不時差人伺察、毆打、唾辱妻僕，毫無憐恤之心。朕再次罷黜胤礽皇太子銜，將胤礽拘執看守。[32]

凡人有所甚愛之子，亦有所不甚愛之子。[33]自釋放皇太子以來，數年之間，隱忍實難，惟朕乃能之。今皇太子飲食服御陳設等物，較之於朕，殆有倍之。伊所奏欲責之人，朕無不責。欲處之人，朕無不處。欲逐之人，朕無不逐。惟所奏欲誅之人，朕不曾誅。朕如此俯從，而伊仍怙惡不悛，朕是以灰心，毫無可望。朕知諸臣有不安之語：「今眾人有兩處，總是一死。」蓋或有身受朕恩，傾心向主，不肯從伊，寧甘心日後受誅戮者；亦有微賤小人，但以目前為計，逢迎結黨，被朕知覺，朕即誅之者。橫豎兩處俱死。今即使胤礽妻孥，亦皆寒心，俱以為當廢，無一墮淚者。胤礽之黃褂侍衛，手足胼胝，哭泣怨望。朕雖日遣侍衛十員看守，胤礽俱似無目然，仍令奸佞盈庭。朕容顏清減，然眾皆緘默，無一人勸解。朕曰：「今處置已畢，奏此勸解之言何用。前次廢置，朕實憤懣。此次毫不介意，談笑處之而已。」朕諭之諸臣，前廢皇太子之時，朕所誅不過數人。今鎖拏之人雖多，朕惟將一二慫恿皇太子為惡者誅之。嗣後眾等自當絕念，傾心向朕，共享太平。後若有奏皇太子已改過從善、應當釋放者，朕即誅之。皇長子胤禔仍受圈禁。[34]至於八阿哥胤禩，朕於康熙五十三年將其圈禁；伊為人心高陰險，妄言朕年已老邁，歲月無多，不諱言伊為諸臣保舉，誰敢爭鋒；甚差人送斃鷹二架，來請朕安。[35]

朕常對眾阿哥云，凡人處世，惟當常尋歡喜，歡喜處自有一番吉祥景象。用膳後必談好事，或寓目於所作珍玩器皿，如是則飲食易消，於身大有益也。

朕亦常語眾阿哥，存乎人者莫良於眸子，人之善惡係於目者甚顯。胸中正，則眸子瞭焉、明焉；胸中不正，則眸子眊焉、徬徨不定。凡人行住坐臥，不可回顧斜視。我朝滿洲耆舊，時常以為忌諱也。

朕常語眾阿哥，窮理非惟一端一處。或在讀書上得之，或在講論上得之，或在思慮上得之，或在行事上得之。朕常曰，凡天下事不可輕忽，雖至微至易者，皆當以慎重處之。慎重者，敬也。當無事時，敬以自持；而有事時，即敬以應事。務必謹終如始，慎修思永，習而安焉，自無廢事。蓋敬以存心，則心體湛然居中，即如主人在家，自能整飭家務。[36]

朕訓示眾阿哥，為人上者用人不可遽信。在下者常視上意所嚮，而巧以投其所好以誘之，以圖私利。為人上者使令小人，固不可過於嚴厲，亦不可過於寬縱。如小過誤，可以寬者，即寬宥之。罪之不可寬者，即懲責訓導之，不可記恨，時常瑣碎蹂踐，則小人恐懼，無益事也。此使人之要，汝等留心記之。[37]

朕雖多方訓誡，諸臣仍不斷陳奏立嗣之事。康熙五十二年，趙申喬上奏，應行冊立皇太子，朕發還趙申喬奏摺。康熙五十六年，王掞及一干御史舊事重提，上疏請立皇太子事，朕諭責伊等舉措失當。後翰林院學士朱天保，奏請復立胤礽為皇太子，謂二阿哥仁孝，聖而益聖，賢而益賢；妄行陳奏朕拒與胤礽覿面，援漢武帝戾太子自殺一事，比附於胤礽之乖舛；誣稱費揚古將軍意圖陷害二阿哥。[38]朕察明朱天保之悖逆妄言，係受其父朱都納蠱惑，而其父子又皆陰與朋黨勾結。[39]為讓朱天保父子心服口服，朕再次枚舉胤礽過錯，並增列新發現之弊端——胤礽以礬水寫字，密通正紅旗滿洲都統公普奇，保舉他為大將軍；又妄稱朕褒獎他；利用其福晉之醫，密送書信；辱罵其侍讀師傅徐元夢；即使伊伯父及伯叔之子，往往遭伊肆罵；舉動乖張，背立朕前。故毋庸置疑，胤礽猶須圈禁。[40]至於朱氏父子，罪無可赦。起初，朕令朱都納看殺朱天保後，始將朱都納凌遲。後朕心生憐憫，惟著將朱天保立即正法，令伊父朱都納視之。[41]

朕常語眾阿哥：「春至時和，百花尚舖，一段錦繡，好鳥且囀，無數佳音。何況為人在世，幸遇昇平，安居樂業。自當立一番好言，行一番好事業，使無愧於今生。」[42]

朕亦常語眾阿哥：「春夏之時，孩童戲耍在院中無妨，毋使坐在廊下。」[43]

VI Valedictory

康熙五十六年，丁酉，十一月，辛亥朔，朕御乾清宮東暖閣，即召諸皇子、滿漢大學士、學士、九卿、詹事、科道等入內，昭示如下諭旨：1

第六章

諭

朕少時，天稟甚壯，從未知有疾病。今春使患頭暈，漸覺消瘦。至秋月塞外行圍，蒙古地方，水土甚佳，精神日健，顏貌加豐。每日騎射，亦不覺疲倦。回京之後，因皇太后違和，心神憂瘁，頭暈頻發。有朕平日所欲言者，今特召爾等面諭。

從來帝王之治天下者，未嘗不以敬天法祖為首務。敬天法祖之實，在柔遠能邇，休養蒼生，公四海之利為利，一天下之心為心，體群臣，子庶民，保邦於未危，致治於未亂，夙夜孜孜，寤寐不遑，寬嚴相濟，經權互用，以圖國家久遠之計而已。

自古得天下之正者，莫如我朝。太祖、太宗[2]初無取天下之心。嘗兵及京城，諸大臣咸奏云：「當取。」太宗皇帝曰：「明與我國，素非和好，今取之甚易。但念中國之主，不忍取也。」後流賊李自成，攻破京城，崇禎自縊。臣民相率來迎，乃翦滅闖寇，入承大統。昔項羽起兵攻秦，後天下卒歸於漢。其初漢高祖，一泗上亭長耳。元末陳有諒等並起，後天下卒歸於明。其初明太祖，一皇覺寺僧耳。我朝承襲先烈，應天順人，撫有區宇。以此見亂臣賊子，無非為真主驅除耳。

今朕年將七旬，在位五十餘年者，實賴天地宗社之默祐，非予涼德之所致也。朕自幼讀書，於古今道理，粗能通曉。凡帝王自有天命，應享壽考者，不能使之不享壽考。應享太平者，不能使之不享太平。自黃帝甲子至今，四千三百五十餘年，稱帝者三百有餘。但秦火以前，三代之事，不可全信。始皇元年至今，一千九百六十餘年，稱帝而有年號者，二百一十有一。朕何人斯，自秦漢以下，在位久者，朕為之首。古人以不矜不伐，知足知止者，為能保始終。覽三代而後，帝王踐祚久者，不能遺令聞於後世。壽命不長者，罔知四海之疾苦。朕已老矣，在位久矣。未卜後人之議論如何。而且以目前之事，不得不痛哭流涕，預先隨筆自記，而猶恐天下不知吾之苦衷也。

自昔帝王，多以死為忌諱。每觀其遺詔，殊非帝王語氣，並非心中之所欲言。此皆昏瞀之際，覓文臣任意撰擬者。

朕則不然。今欲使爾等知朕之血誠耳。

當日臨御至二十年，不敢逆料至三十年。三十年，不敢逆料至四十年。今已五十七年矣。《尚書・洪範》所載：「一曰壽，二曰富，三曰康寧，四曰攸好德，五曰考終命。」[3]五福以考終命列於第五者，誠以其難得故也。今朕年將七十，子、孫、曾孫，百五十餘人。天下粗安，四海承平。雖不能移風易俗，家給人足，但孜孜汲汲，小心敬慎，夙夜不遑，未嘗少懈。數十年來，殫心竭力，有如一日。此豈僅勞苦二字所能概括耶？

前代帝王，或享年不永，史論概以為侈然自放，耽於酒色所致。此皆書生好為譏評。雖純全盡美之君，亦必抉摘瑕疵。朕為前代帝王剖白，蓋由天下事繁，不勝勞憊之所致也。諸葛亮云：「鞠躬盡瘁，死而後已。」為人臣者，惟諸葛亮一人耳。若帝王仔肩甚重，無可旁諉，豈臣下所可比擬。臣下可仕則仕，可止則止。年老致政而歸，抱子弄孫，猶得優游自適。為君者，勤劬一生，了無休息。如舜雖稱無為而治，然身歿於蒼梧。禹乘四載，胼手胝足終於會稽。似此皆勤勞政事，巡行周歷，不遑寧處。豈可謂之崇尚無為，清靜自持乎。《易》遯卦[4]六爻，未嘗言及人主之事。可見人主原無宴息之地，可以退藏。鞠躬盡瘁，誠謂此也。

昔人每云，帝王當舉大綱，不必兼總細務。朕心竊不謂然也。一事不謹，即貽千百世之患。不矜細行，終累大德。故朕每事必加詳慎。即如今日留一二事未理，明日即多一二事矣。若明日再務安閒，則後日愈多壅積，萬幾至重，誠難稽延。故朕政，無論鉅細，即奏章內有一字之訛，必為改定發出。蓋事不敢忽，天性然也。五十餘年，每多先事綢繆。四海兆人，亦皆載朕德意。豈可執「不必兼總細務」之言乎？

朕自幼強健，筋力頗佳。能挽十五力弓。發十三握箭，用兵臨戎之事，皆所優為，然平生未嘗妄殺一人。平定三藩，掃清漠北，皆出一心運籌。戶部帑金，非用師賑饑，未敢妄費，謂此皆小民脂膏故也。所有巡狩行宮，不施采繢，每處所費，不過一二萬金。較之河工歲費三百餘萬，尚不及百分之一。

幼齡讀書，即知酒色之可戒，小人之宜防。所以至老無恙。自康熙四十七年大病之後，過傷心神，漸不及往時。況日有萬機，皆由裁奪。每覺精神日逐於外，心血時耗於內。恐前途倘有一時不諱，不能一言，則吾之衷曲未吐，豈不可惜。故於明爽之際，一一言之，可以盡一生之事，豈不快哉。

人之有生必有死。如朱子之言，天地循環之理，如晝如夜。孔子云，居易以俟命，皆聖賢之大道。何足懼乎。近日多病，心神恍惚，身體虛憊。動轉非人扶掖，步履難行。當年立心以天下為己任，許死而後已之志。今朕躬抱病，怔忡健忘，故深懼顛倒是非，萬機錯亂。心為天下盡其神，神為四海散其形。既神不守舍，心失其養，日不辨遠近，耳不分是非，食少事多，豈能久存。況承平日久，人心懈怠。福盡禍至，泰去否來。[5]元首叢脞而股肱惰。至於萬事隳壞而後，必然招天災人害，雜然並至。雖心有餘而精神不逮，悔過無及，振作不起。呻吟牀榻，死不瞑目，豈不痛恨於未死。

昔梁武帝亦創業英雄。後至耆年，為侯景所逼，遂有臺城之禍。隋文帝亦開創之主。不能預知其子煬帝之惡，卒至不克令終。又如丹毒自殺，服食吞餅，宋祖之遙見燭影之類。種種所載疑案，豈非前轍，皆由辨之不早，而且無益於國計民生。漢高祖傳遺命於呂后，唐太宗定儲於長孫無忌。[6]朕每覽此，深為恥之。或有小人，希圖倉卒之際，廢力可以自專，推戴一人以為後福。朕一息尚存，豈肯容此輩乎？

朕之生也，並無靈異，及其長也，亦無非常。八齡踐祚，迄今五十七年，從不許人言禎符瑞應。如史冊所載，景星慶雲麟鳳芝草之賀，及焚珠玉於殿前，天書降於承天，此皆虛文，朕所不敢。惟日用平常，以實心行實政而已。

今臣鄰奏請立儲分理，此乃慮朕有猝然之變耳。死生常理，朕所不諱。惟是天下大權，當統於一。十年以來，朕將所行之事，所存之心，俱書寫封固，仍未告竣。立儲大事，朕豈忘耶，天下神器至重，倘得釋此負荷，優游安適，無一事嬰心，便可望加增年歲。諸臣受朕深恩，何道俾朕得此息肩之日也。

朕今氣血耗減，勉強支持，脫有悮萬機，則從前五十七年之憂勤，豈不可惜。朕之苦衷血誠，一至如此。每覽老臣奏疏乞休，未嘗不為流涕。爾等有退休之時，朕何地可休息耶。但得數旬之頤養，保全考終之死生，朕之欣喜，豈可言罄。從此歲月悠久，或得如宋高宗之年，未可知也。

朕年五十七歲，方有白鬚數莖。有以烏鬚藥進者。朕笑卻之曰：「古來白鬚皇帝有幾?朕若鬚鬢皓然，豈不為萬世之美談乎?」初年同朕共事者，今並無一人。後進新陞者，同寅協恭，奉公守法，皓首滿朝。可謂久矣，亦知足矣。

朕享天下之尊，四海之富。物無不有，事無不經。至於垂老之際，不能寬懷瞬息，故棄天下猶敝屣，視富貴如泥沙也。倘得終於無事，朕願足矣。願爾等大小臣鄰，念朕五十餘年太平天子，惓惓叮嚀反覆之苦衷，則吾之有生考終之事畢矣。

此諭已備十年，若有遺詔，無非此言。披肝露膽，罄盡五內，朕言不再。

附錄一

康熙三十六年春寄總管太監顧問行的十七封信

下列十七封信，依序係康熙於康熙三十六年寫給他寵信的敬事房總管顧問行。有鑑於這是康熙親書的口語體信函，具體而微反映出他內心的思緒，本書又是援引零碎史料裁剪而成，具有補充史實的價值，故此處全文附錄這些信函。這些信函原密藏於清宮懋勤殿內的一個箱子，一九一一年革命之後被學者發現，隨後抄錄出版。中國歷史上，或許尚無其他皇帝有諸如此類的信函傳留後世（註）。

第一封信

諭顧太監：初七日過八達嶺岔道，駐蹕。初八日到懷來縣駐蹕。看天氣與京中大不相同，甚覺寒冷。前者庫上做狼皮筒子皮襖一件，未曾有面。爾將此二件，袖用雨緞，身用零寧紬，做完時報上帶來。做時不可太緊了，先報上帶來的因做得太緊，甚是不堪，須要小心。朕來時，德妃有些恙，如今全好了麼？阿哥們出疹的，相比都好了。宮中自然清吉。這一次的駝馬甚肥可愛，走路亦好。自出門，即重重喜報來也。朕體大安。特諭。

二月初八日

第二封信

諭顧太監：朕自出門以來，卅日之間，歷盡三雲。南望則蔚州、應州、雁門、寧武；北望則偏關、殺虎口；駐蹕則懷仁、馬邑、朔州。觀其形勢，乃古戰場之域，今則太平鼓腹之民也。黃童白叟，挾老扶幼，叩首馬前，如南巡無異。民情樸實，風俗淳厚。因去歲收成甚好，米草亦裕，朕心暢快，身體安和。天氣比大同暖些，河也有開處，也有不開處。隨來的人都好，爾等將此傳知裡邊。特諭。

二月二十二日

第三封信

諭顧太監：前者書去之後，又走寧武關北大水口地方，又走岢嵐州、河曲，繞到三岔鋪。二十六日到李家溝。此處無水，只有一井，地方官伺候三百缸水。朕正走在途間，見李家溝的來民紛紛說話，岢嵐州來的乾河，名叫宵尊河，這三日前發大水至李家溝南七里。地方官恐泥濘御道，用堤打住。又有人說，此三岔干河，今日有了水，竟到韓家樓，地方民又堵著。朕實不信到了，看起來，果然是真。就此開了堤，到申末，河水到李家溝御營，深有二尺處。三百缸水也不曾用。二十七日到碾塢村。五十六里皆高山大嶺，連亙不斷。朕從來未走這樣不好山，若不是地方民一聞朕來，爭先收拾，萬萬走不得。頭一日下雪，風刮的在道旁一堆一堆堆起來，推車的，走道的，甚得便易。營前一里之地，又得一小河，水清味佳。此二日，凡隨侍官員、軍民，無不目睹其事。朕說不過偶爾如此，不足為奇。二十八日，到保德州，黃河邊上。朕乘小船打魚，河內全是石花魚，其味鮮美，書不能盡。吃食皆有，惟白麵最好。此皆細事，外報不曾寫得，惟叫裡邊知道。特諭。

二月二十八日

第四封信

諭顧太監：朕自渡河以來，歷府谷縣、神木縣等處，將近榆林。凡陝西地方，山川形勢又是一種別樣景緻也有好處，亦有不堪處，所以好處者，風俗淳厚，人心似古，水土好，人無雜病，食物亦多，山上有松樹柏樹，遠看可以看得。若說不堪處，凡城堡都在山頂上，村莊都在破垤旁，做洞居住，嶺不成嶺，道不成道，可笑之極矣。朕南方走過直隸、山東、江南、浙江以至紹興，四千里；北至可魯倫，二千餘里；東北關東烏拉，二千餘里；西巡今到山西、陝西，二千餘里。江湖、山川、沙漠、瀚海、不毛之不水之地，都走過，總不如南方之秀氣，人民之豐富也。

初四日，駐蹕神木縣，申時，嘎爾但（噶爾丹）賊子到了大營，滿漢文武軍民人等，無不踴躍歡喜，可見亂臣賊子，人人得而誅之之語，豈偶然哉？朕在客路，迢遞關山，心實除賊，意不虛發。況暮春之初，冰凌未盡；清明在邇，寒風猶存；不知今歲京中亦是如此否？朕體甚安，一路飲食甚裕，白麵更好。問宮裡都好嗎？嘎爾但的事只在早晚間了，但不能略定日期耳。朕在神木，得土物、點心兩種，送到延禧宮、翊神宮去，看看笑笑，恭進神木白麵一匣。請安。

三月初四日

第五封信

諭顧太監：朕在寧夏等嘎爾丹來人，到時才定用兵。今馬駝皆肥，凡有走處即刻行走。寧夏地方好，諸物最賤，但無花草耳。這一次報來時，封也開了，匣也開了，所以外邊用封封了，再報來時，照此封樣封了來。特諭。

三月初五日

第六封信

哈密回回送嘎爾但賊子所帶來的土物，惟曬乾甜瓜，其味甚美。今隨報帶去，又恐不知用法，故特書之於左：先用涼水或用熱水洗淨，後用熱水泡片時，不拘冷熱，皆可食得。其味相鮮瓜，水似桃乾蜜水。有空處，都用葡桃添了。爾等傳知妃們，物雖微而心實遠也，不可為笑。

三月初七日

第七封信

諭顧太監：朕走鄂爾多斯地方，蒙古富金們來的甚多。爾將妃嬪們的錦衣，每位一套，綿紗衣，每位一套，報上帶來。又，徐常在二位答應，襯衣、夾襖夾、中衣、紡絲、布衫、紡絲中衣、緞靴襪，都不足用。傳於延禧宮妃，著量做，完時報上，帶來。

三月初七日

第八封信

諭顧太監：前者報去之後，朕領三邊綠族兵打圍，兔雞多的非常。二十二日到興武營，滿圍都是兔子，朕射三百一十支。二十三日到清水堡，兔子如前，朕不能射了，只射一百有零。二十二日到橫城，黃河邊上駐蹕。二十五日，過河，駐蹕河邊上。二十六日到寧夏。此處風景雖不如南方，比朕一路走過的地方，有霄壤之分。諸物皆有，吃食亦賤。西近賀蘭山，東臨黃河，城周都是稻田。自古為九邊，朕已到七邊。所過之邊地，惟此寧夏可以說得。朕今抵寧，所得土物數件，恭進皇太后，又賜妃嬪們數件，爾按字送去，特諭。二十六日抵寧。二十七日即差潘良棟捧上土物恭進去了。凡有字者，照字送去，無字的，潘良棟口傳。

三月二十八日

第九封信

諭顧太監：朕在寧夏住了十九天，自閏三月十五日，起身往黃河灣白塔地方去，離寧夏四百里，是鄂爾多斯都稜公哈倫所居之地。朕到白塔，自有相機調度。自此以後，離京漸近了。特諭。

閏三月十五日

第十封信

諭顧太監：朕此一舉，雖為殘賊嘎爾但，亦欲西邊外。厄魯特種類甚多，必收之後，方為萬年之計。出門時，縱未言明，自離京後，即使人各處宣布。朕意先已前後歸誠者，報過之外，今西海內外所居厄魯特全部落歸順，已經起身，往行在來了。朕舉手加額，喜之不盡。有德而感動天地默佑，一卒不發，收十萬之眾，實出望外。滿營中聞者，無不相慶，以為無疆之喜。因此發報，所以寫去，特諭。

閏三月十八日

第十一封信

諭顧太監：朕在寧夏，甚是悶倦，自出口以來，方為清爽。水土好，將山陝二處的秀氣、黃沙、怕人高崖別了，深為可喜。近日，順流而乘舟，而行者亦多。黃河中魚少，兩岸檉柳、蓆芨草、蘆葦中，有野豬、馬、鹿等物。特諭。

閏三月二十三日

第十二封信

諭顧太監：前者進來的王瓜甚好，以後每報必須帶來。蘿蔔、茄子也帶來。朕已到白塔地方，特別劉猴兒請皇太后安去，並無別事。此人怪而膽大，豈可近使？甚是可惡，不必打發他回來，在敬事房鎖了等，別叫他家去，特諭。

閏三月二十六日

第十三封信

諭顧太監：四月初一日，朕親看兵馬過去。訖此數日內，理運糧事畢，即日回鑾，大略夏至前後到京。此話不必叫多人知道，妃嬪們知道罷了。特諭。

四月初一日

第十四封信

諭顧太監：朕在黃河邊上，與蒙古諸部落日日頑笑，心神爽健。朕出外最多，未似這一次心寬意足。爾傳與裡邊，不必掛念。自黃河邊上，走張家口至京九百餘里，若走沙河口，大通至京，一千二百餘里。朕使人到寧夏，尋得食物米麵等物，麵比上用麵還強，葡萄甚好。此處與邊墻相近，所以諸物都有，只恨不冷，河不凍，難以行走。爾等在家反為朕怕冷，實為可笑。初二日報，到上流五十里地，名席爾哈，結冰成橋二道，約一里有餘，上下全無結冰處等。朕使人去看，果是如此，也是一件奇事。

無年月可考

（史景遷推測可能是四月初三日）

第十五封信

諭顧太監：朕事已畢。分陸路水路回去，大概夏至前後，可以到京。特諭。

四月初七日

第十六封信

諭顧太監：前者朕有言，「心實除賊，意不虛發」之句。今嘎爾但已死，其下等人，俱來歸順。朕之大事畢矣。朕兩歲之間，三出沙漠，櫛風沐雨，並日而餐。不毛不水之地，黃沙無人之境，可謂苦而不言苦，人皆避而朕不避。千辛萬苦之中，立此大功，若非嘎爾但，有一日，朕再不言也。今蒙天地宗廟嘿佑成功，朕之一生，可謂樂矣，可謂致矣，可謂盡矣。朕不日到宮，另為口傳，今筆墨難盡，書其大概而已。特諭。

四月十七日

第十七封信

諭顧太監：朕二十九日過殺虎口，自口外走張家口進京，大約五月十五日前後到。去先，有上諭，夏至前後到京之語，因黃河風浪所誤，所以遲了。口外涼爽，不甚熱，至今早，間有穿布褂者。一路水草，與西邊大不相同。朕體安泰，隨侍人等俱好，可謂「心寬體胖」而回家去矣。特諭。

四月二十九日

註：這些信函收錄在〈清聖祖諭旨〉，頁三十五至三十九（或依原頁碼，為頁二至九）。《掌故叢編》的編者混淆了兩個系列的信函，誤以為皆寄自康熙某次北遊之時，結果在刊印時排序顛三倒四。若我們依序排列〈清聖祖諭旨〉中收錄的信函，「康熙三十六年春，寄總管太監顧問行的十七封信」正確順序應是：4，5，6，7，8，9，10，14，15，16，17，18，19，33，20，23，26。其餘信函則與康熙三十六年親征噶爾丹之役有關。

附錄二

康熙遺詔

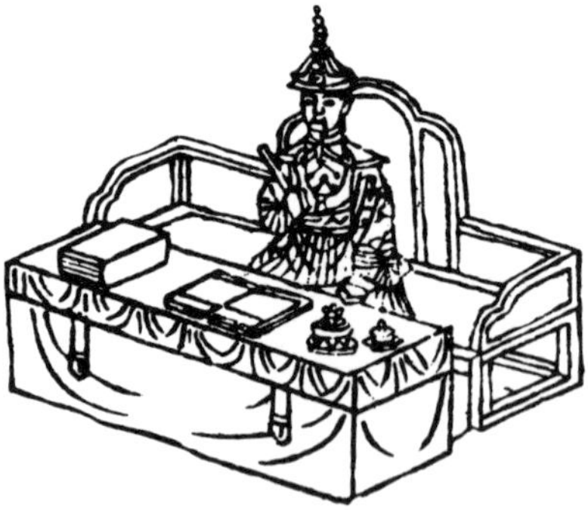

康熙於康熙六十一年十一月十三日，即西元一七二二年十二月二十日駕崩。康熙賓天之後，朝廷隨即向天下百姓昭告他的遺詔。（這份遺詔，收錄在《大清聖祖仁皇帝實錄》，卷三〇〇，頁七至十一。）

從來帝王之治天下，未嘗不以敬天法祖為首務。敬天法祖之實，在柔遠能邇，休養蒼生，共四海之利為利，一天下之心為心，保邦於未危，致治於未亂，夙夜孜孜，寤寐不遑，為久遠之國計，庶乎近之。

今朕年屆七旬，在位六十一年，實賴天地宗社之默祐，非朕涼德之所致也。歷觀史冊，自黃帝甲子，迄今四千三百五十餘年，共三百一十帝，如朕在位之久者甚少。朕臨御至二十年時，不敢逆料至三十年。三十年時，不敢逆料至四十年。今已六十一年矣。《尚書・洪範》所載：「一曰壽，二曰富，三曰康寧，四曰攸好德，五曰考終命。」五福以考終命列於第五者，誠以其難得故也。今朕年已登耆，富有四海，子孫百五十餘人，天下安樂。朕之福亦云厚矣。即或有不虞，心亦泰然，念自御極以來，雖不敢自謂能移風易俗，家給人足，上擬三代明聖之主，而欲致海宇昇平，人民樂業，孜孜汲汲，小心敬慎，夙夜不遑，未嘗少懈，數十年來，殫心竭力，有如一日，此豈僅「勞苦」二字所能該括耶？

前代帝王，或享年不永，史論概以為酒色所致。此皆書生好為譏評。雖純全盡美之君，亦必抉摘瑕疵。朕今為前代帝王剖白言之。蓋由天下事繁，不勝勞憊之所致也。諸葛亮云：「鞠躬盡瘁，死而後已。」為人臣者，為諸葛亮能如此耳。若帝王仔肩甚重，無可旁諉，豈臣下所可比擬。臣下可仕則仕，可止則止。年老致政而歸，抱子弄孫，猶得優游自適。為君者勤劬一生，了無休息之日。如舜雖稱無為而治，然身歿於蒼梧；禹乘四載，胼手胝足，終於會稽。似此皆勤勞政事，巡行周歷，不遑寧處。豈可謂之崇尚無為，清靜自持乎。《易》遯卦六爻，未嘗言及人主之事。可見人主原無宴息之地，可以退藏。鞠躬盡瘁，誠謂此也。

自古得天下之正，莫如我朝。太祖、太宗初無取天下之心。嘗兵及京城，諸大臣咸云當取。太宗皇帝曰：「明與我國，素非和好。今欲取之甚易。但念係中國之主，不忍取也。後流賊李自成攻破京城，崇禎自縊。臣民相率來迎，乃剪滅闖寇，入承大統。稽查典禮，安葬崇禎。」

昔漢高祖係泗上亭長。明太祖一皇覺寺僧。項羽起兵攻秦，而天下卒歸於漢。元末陳有諒等起，而天下卒歸於明。我朝承席先烈，應天順人，撫有區宇，以此見亂臣賊子，無非為真主驅除也。凡帝王自有天命，應享壽考者，不能使之不享有壽考；應享太平者，不能使之不享太平。朕自幼讀書，於古今道理，粗能通曉。又年力盛時，能彎十五力弓，發十三把箭。用兵臨戎之事，皆所優為。然平生未嘗妄殺一人。平定三藩，掃清漠北，皆出一心運籌。戶部帑金，非用師賑饑，未敢妄費。謂此皆小民脂膏故也。所有巡狩行宮，不施采繪。每處所費，不過一二萬金，較之河工歲費三百餘萬，尚不及百分之一。

昔梁武帝亦創業英雄，後至耆年，為侯景所逼，遂有臺城之禍。隋文帝亦開創之主，不能預知其子煬帝之惡，卒致不克令終，皆由辨之不早也。

朕之子孫，百有餘人。朕年七十，諸王大臣官員軍民，以及蒙古人等，無不愛惜朕年邁之人。今雖以壽終，朕亦愉悅。至太祖皇帝之子禮親王，饒餘王之子孫，見今俱各安全。朕身後，爾等若能協心保全，朕亦欣然安逝。雍親王皇四子胤禛人品貴重，深肖朕躬，必能克承大統。著繼朕登基，即皇帝位。即遵典制，持服二十七日釋服。佈告天下，咸使聞知。

＊ ＊ ＊

這份遺詔佚漏了〈臨終諭旨〉的主要片段如下：

康熙公開他患頭暈，漸覺消瘦。

康熙敘述「三代」及之前的歷史記載，因秦始皇的焚書，「不可全信」；據此，信史實始於秦代，而自秦以降，在位最久者以康熙為首。

康熙堅持為君者必須勤勞政事，不宜崇尚清靜無為。

康熙長篇大論他心神恍惚，導致多病虛憊，萬機錯亂，乃至於探究死亡的義蘊。

枚舉傳統中國歷史上的各種變節與愚行，其皆與立儲問題息息相關。

康熙坦承無諱他不信各種靈異禎符之說，對歷代各朝將皇帝個人行止歸諸於瑞應，不表苟同。

直言天下神器至重，難以釋卸負荷，不若其他老臣（縱然康熙在陳述時盡可能鎮靜自持），難得退休保全之時。

最後，包括康熙提及他的白鬚、他的知足，以及但求朝臣尊重、接受他的〈臨終諭旨〉。

我們從羅列的佚漏片段可以心領神會，這份遺詔的草擬者（我們不得而知，草擬者究竟係朝臣、康熙之子胤禛、滿族顧命大臣，還是忠心耿耿的大學士），挖空心思想維護這個帝國形象的威儀。然〈臨終諭旨〉中的康熙，心神憂瘁，疑雲重重；他亦懷疑日後將他本人安奉於歷史傳統這種作法的價值及真誠。而這份遺詔，正好印證了康熙的質疑是理有所據——他只不過是個身影，他的陳腔濫調受人緬懷，但他的果敢、憤怒、真摯、痛苦，也無一例外地，一併被抹煞殆盡。

兩百五十年後，身為歷史學家的我，樂於將這份遺詔「貶謫」於附錄，而讓康熙透過他的原始草稿，述說自己。

註釋

序言

1 **康熙** 中文世界並無關於康熙生平的長篇研究，西方世界也僅止三本：白晉（Joachim Bouvet）誇大不實的描述，於一六九九年以法文出版，本書的內容揉合了親身經歷與道聽塗說；希伯特（Eloise Hibbert）於一九四〇年付梓的輕暢作品，主要取材自耶穌會的史料；克舍勒（Lawrence D. Kessler）一九六九年未出版的博士論文，即〈康熙皇帝的養成歷程，一六六一至一六八四年〉（The Apprenticeship of the K'ang-hsi Emperor, 1661-1684），雖廣蒐博採中文史料，但內容僅觸及康熙的青年時代。

二十世紀，日本出版了四本康熙的傳記：西本白川的《康熙大帝》（一九二五年），長與善郎的《大帝康熙》（一九三八年），田川大吉郎的《聖祖康熙帝》（一九四四年），間野潛龍的《康熙帝》（一九六七年）。後藤末雄於一九四一年出版了上述白晉著作的日文全譯本。這些作者都認為康熙是一位睿智、果決的君主，他融合了軍事韜略、科學知識及儒家美德於一身。其中有幾位甚至還認為，康熙身為滿族征服王朝的統治者，正是二十世紀日本人入華的典範。因此，西本白川於一九四一年再版他的著作時論及，書中研究的異族統治者，足堪日本人借鏡。而長與善郎為他那本書下了「治理中國之原則」的副標題，並在結論時表示這或許可作為日本在華的參考。田川大吉郎還關注耶穌會早期在華的勢力，以及康熙蘊含的進步與科技觀；間野潛龍的論述主旨在於對比康熙與路易十四，並突顯康熙本人的寬仁。直到一九六七年，日本學者在研究康熙朝時，才擺脫了現實政治的論述途徑。

上述作品除克舍勒的著作之外，並非全然倚賴原始的中國史料，而是大量取材自白晉以降的耶穌會神父的見聞。是故，本書與上述作品在年代上自然有重疊之處，但我所引述的事件並非見諸於這些傳記，而是援引自我判斷較為可靠的原始中國史料。

邇來有兩篇中文論著亦值得推薦。劉大年於一九六一年發表的中文論文〈論康熙〉，這篇文章有個詳盡、令人眼界大開的英文篇名 "Emperor K'ang-hsi, the Great Feudal Ruler Who United China and Defended Her Against European Penetration"。在劉大年的文章裡，我們已可以察覺到日後學者一窩蜂的論述主題：康熙是位剽悍的反帝國主義者。劉大年在文章裡，基於中俄社經條件所能容許的運作自由度，比較康熙與彼得大帝的作為，有啟發性的分析。袁良義則是在一九六二年發表的文章〈論康熙的歷史地位〉，批評了劉大年的若干論點。袁良義同意康熙是位偉大的歷史人物，但他認為劉大年的文章誇大了十七世紀西方諸國的軍事實力，簡化當時代的經濟實情，特別是各種宰制地主，另外，也淡默了滿漢的種族矛盾。房兆楹（Fang Chao-ying）為 *Eminent Chinese of the Ch'ing Period*（pp.327-331）一書所撰寫的康熙王朝條目，仍是最簡潔且蘊含學術性的引介。

2 **寄總管太監顧問行的信** 詳見「附錄一」。

3 **尤斯納** Marguerite Yourcenar, *Mémoires d'Hadrien*（Paris, Plon, 1953）；英譯本 *Memoirs of Hadrian*（New York, Farrar, Straus and Young, 1954）。

4 **引言出處** 見《大清聖祖仁皇帝實錄》，卷二七六，頁十六。

5 **引言出處** 見 Marcel Proust, *A la Recherche du temps perdu, XV: Le Temps retrouvé* (Paris, Gallimard, 1949), p.35。

第一章

1 **詩** 《康熙帝御製文集》，頁一三〇八。

2 **花園** 高士奇，《蓬山密記》，頁一。

3 **植物** 《庭訓格言》，頁五十九b至六十；《大清聖祖仁皇帝實錄》，卷一五五，頁五b；〈清聖祖諭旨〉，頁十三；高士奇，《蓬山密記》，頁一。

4 **人蔘** 《大清聖祖仁皇帝實錄》，卷一五五，頁六b。

5 **宜而哈木客** 〈清聖祖諭旨〉，頁十七。宜而哈木客意指「花水」。見 Norman, *Manchu Dictionary*, pp.291,211.

6 **青棵黍種** 〈清聖祖諭旨〉，頁十七b。Norman, *Manchu Dictionary*, p.68。

7 **圍場** Bell, *Journey from St. Petersburg to Pekin*, 1719-1722, pp.164-171；《康熙帝御製文集》，集二，卷三十三，頁十一至十六；Carroll Malone, *Peking Summer Palaces*, pp.21-24。（關於架鷹的資料罕見，但據《聖祖五幸江南全錄》一書頁四的記載，「總兵官藍理進黃鷹六架」。另在《大清聖祖仁皇帝實錄》，卷二七二，頁十一處提及「架鷹牽犬侍衛太監」一詞。張誠〔Jean-François Gerbillon〕在 Du Halde, *General History*, IV, pp.309, 310, 317，尤其是 p.319 所蒐錄的信函，提到康熙有二十五至三十架鷹，各有專職侍衛照料。有關更早期的作法，可見 Schafer, "Falconry in T'ang"。耶穌會士利類思〔Buglio〕論歐洲架鷹的書，乃是應康熙之請所作，詳見 Joseph Dehergne, *Fauconnerie, plaisir du roi*。）

8 **水土** 本書第六章〈臨終諭旨〉；d'Orléans, *Conquerors*, p.107 中南懷仁的信函。

9 **引言出處** 徐日昇（Pereira）引康熙特別喜愛的用語，詳見d'Orléans, *Conquerors*, p.144。

10 **氣候** 〈清聖祖諭旨〉，頁四。康熙提到他感覺「清閑」，而不是「委屈」。康熙的信，見前揭文，頁一b、八b。

11 **水果與堅果** d'Orléans, *Conquerors*, pp.105, 135, 142；du Halde, *General History*, IV, p.327中張誠的信函；「烏納拉」，見Norman, *Manchu Dictionary*, p.416，意指「甘梅」。〈清聖祖諭旨〉記載之三類品種，分別見頁十八、十八b；《大清聖祖仁皇帝實錄》，卷一〇一，頁二十。

12 **茶** d'Orléans, *Conquerors*, p.139。

13 **魚** 《大清聖祖仁皇帝實錄》，卷一〇一，頁二十；高士奇，《松亭行紀》，頁九b；du Halde, *General History*, IV, p.358；〈清聖祖諭旨〉，頁十八，康熙恭進五十尾醃漬魚給皇太后，並送了一百五十尾魚到各貴妃處。

14 **肉** 高士奇，《松亭行紀》，頁十五b；du Halde, *General History*, IV, pp. 360, 362, 365；d'Orléans, p.141。

15 **熊掌** 高士奇，《扈從東巡日錄》，頁八b。

16 **獵獲動物** 《大清聖祖仁皇帝實錄》，卷二八五，頁九b至十。

17 **引言出處** 前揭書，卷二四七，頁十二b。

18 **行程** du Halde, *General History*, IV, pp.321-322, 369-370。

19 **矢** du Halde, *General History*, IV, p.359。

20 **其他獵物** 高士奇，《扈從東巡日錄》，頁二十一；d'Orléans, *Conquerors*, pp.112, 139-140；du

Halde, *General History*, IV, p.379。

21 **虎** 高士奇，《扈從東巡日錄》，頁三；《大清聖祖仁皇帝實錄》，卷一〇七，頁九b及卷一九〇，頁八。

22 **豹與熊** 前揭書，卷一九〇，頁八b、十四。

23 **黃羊** 前揭書，卷二〇五，頁十三。根據《實錄》記載，康熙的箭不可思議地射斷了拉哈里木。

24 **弩箭** 《庭訓格言》，頁九十。

25 **礮** 前揭書，頁五十；d'Orléans, *Conquerors*, pp.123-124；《大清聖祖仁皇帝實錄》，卷二六七，頁十六b。

26 **直逾巖頂** 高士奇，《扈從西巡日錄》，頁三至四。

27 **納哈里** 《大清聖祖仁皇帝實錄》，卷一三六，頁十一b、十二b、十三；Norman, *Manchu Dictionary*，「n」與「hari」，「ha」與「hada」；有關這些巡狩地區，詳見《清代一統地圖》，頁一〇四。

28 **危險行圍** 《庭訓格言》，頁九十七、四十九b至五十。

29 **犬** 高士奇，《扈從東巡日錄》，頁五。

30 **意外** du Halde, *General History*, IV, pp.365, 369。

31 **王**隲 《王大司農（王隲）年譜》，頁三十六。

32 **南懷仁** Flettinger MS., fol. 2319v。

33 **穆成格** 張英，《南巡扈從紀略》，頁十七。

34 **傅爾丹** 《大清聖祖仁皇帝實錄》，卷二一三，頁二十九b。

35 **自幼習成騎射** 《庭訓格言》，頁一〇六b至一〇七。

36 **祝禱詞** De Harlez, *Religion nationale*, pp.141-143。

37 **馭馬** 《庭訓格言》，頁一〇六b至一〇七。

38 **整飭軍令** 《大清聖祖仁皇帝實錄》，卷一〇八，頁八。

39 **出獵季節** 《庭訓格言》，頁七十一b。

40 **圍獵之制** 《大清聖祖仁皇帝實錄》，卷一〇八，頁十；高士奇，《扈從東巡日錄》，頁五；Bell, *Journey*, p.169；《大清聖祖仁皇帝實錄》，卷一八六，頁十七；du Halde, *General History*, IV, p.320；d'Orléans, *Conquerors*, p.137。

41 **塞外** 《大清聖祖仁皇帝實錄》，卷一八三，頁二十三；卷二二七，頁九b。

42 **糧餉轉運** 前揭書，卷一八三，頁二十四。

43 **思格色** 前揭書，卷一七一，頁二十六b至二十七；《清史》，頁二五七八。

44 **水之種類** 〈清聖祖諭旨〉，頁七；《大清聖祖仁皇帝實錄》，卷一七一，頁二十三b。

45 **壞水** 《庭訓格言》，頁二十八b、三十五；〈清聖祖諭旨〉，頁二十；《大清聖祖仁皇帝實錄》，卷二〇〇，頁十一b。

46 **駐營之處** 《庭訓格言》，頁二十b至二十一；〈清聖祖諭旨〉，頁九、十三b。

47 **雨** 前揭文，頁十四b至十五。

48 **白日長度** 《大清聖祖仁皇帝實錄》，卷一五五，頁六b。

49 **觀測立小旗** 前揭書，卷二六七，頁十六；測日晷表，前揭書，卷一五四，頁四；星圖，見d'Orléans,

Conquerors, p.116。

50 **星宿** 《大清聖祖仁皇帝實錄》，卷一三九，頁三十一b至三十二。

51 **地理** 前揭書，卷二六七，頁十七。

52 **食物飲料、行師征戰** 前揭書，卷一七四，頁二；輓車之人，前揭書，卷一八三，頁二十四；隨營貿易之人，前揭書，卷一八三，頁二十四。

53 **商賈之人** 《聖祖親征朔漠日錄》，頁六b。

54 **獎掖** 《大清聖祖仁皇帝實錄》，卷一七三，頁三十二；《聖祖親征朔漠日錄》，頁三。

55 **馬** 《大清聖祖仁皇帝實錄》，卷一七一，頁二十九，有這類諭旨；《庭訓格言》，頁二十一、三十三b至三十四b；〈清聖祖諭旨〉，頁四b。

56 **行為舉止** 《聖祖親征朔漠日錄》，頁二十五b；《大清聖祖仁皇帝實錄》，卷一六九，頁二十b至二十一；卷一七四，頁三。

57 **康熙親征** 《庭訓格言》，頁三十三b至三十四；《大清聖祖仁皇帝實錄》，卷一七一，頁二十八；高士奇，《扈從東巡日錄》，頁三b；《聖祖親征朔漠日錄》，頁四。

58 **引言出處** 《大清聖祖仁皇帝實錄》，卷二一七，頁二。

59 **百姓** 《聖祖西巡日錄》，頁九b；高士奇，《扈從西巡日錄》，頁一。

60 **老將** 《庭訓格言》，頁一〇四；《聖祖親征朔漠日錄》，頁六；《大清聖祖仁皇帝實錄》，卷二一四，頁十。

61 **射箭** 《聖祖西巡日錄》，頁十一、二十。

62 **柴薪** 《大清聖祖仁皇帝實錄》，卷一一五，頁二十四。

63 **操練「硬弓」** 前揭書，卷一五一，頁十四b；卷一六〇，頁二十五b；「鳥鎗」，前揭書，卷一五六，頁十九b；左右開弓之本領，前揭書，卷一一七，頁十六。

64 **武舉科考** 前揭書，卷二〇一，頁二十。康熙三十九年，武舉科考時，康熙自謂：「朕親試武舉已經十二、三次。」以本次武舉應試者最優。

65 **行軍** 《庭訓格言》，頁三十四b至三十五。

66 **天花** 前揭書，頁二十五。另見Wong K. Chimin and Wu Lien-teh, *History of Chinese Medicine*。

67 **習水性** 前揭書，頁二十八b至二十九。

68 **邊疆** 〈清聖祖諭旨〉，頁四b、六、八b，康熙三十六年親征噶爾丹時寫給太監顧問行的所有信函；《大清聖祖仁皇帝實錄》，卷一四一，頁二十二b至二十三。

69 **後勤補給** 前揭書，卷一六八，頁十五；卷一六八，頁二十；卷一六九，頁八。

70 **軍令** 前揭書，卷一六九，頁二十至二十四。

71 **伐噶爾丹之衆議** 前揭書，卷一七二，頁五b（Ahmad, *Sino-Tibetan Relations in the Seventeenth Century*，書中指出有關這次戰役諸多逸譯的西藏資料），以及《大清聖祖仁皇帝實錄》，卷一七二，頁十三至十九的爭論。

72 **噶爾丹的個性** 前揭書，卷八十三，頁十八b；卷一七一，頁二b；卷一七二，頁二；卷一七二，頁十八b。

73 **追剿噶爾丹** 前揭書，卷一七二，頁十六；卷一七三，頁一、十b、十二、十三b、十七、十八。

74 **引言出處** 前揭書，卷一七三，頁十九b。

75 **昭莫多** 前揭書，卷一七三，頁二十六至二十七。

76 **達賴喇嘛** 此處情節之大概，前揭書，卷一七五，頁五至十四；康熙不清楚五世達賴喇嘛圓寂與否的可能解釋，見 Ahmad, *Sino-Tibetan Relations in the Seventeenth Century*, pp.44-53。是時，五世達賴喇嘛實際上已圓寂十五年了。

77 **二度親征** 《聖祖親征朔漠日錄》，頁八b至十一。這份史料可以補充《大清聖祖仁皇帝實錄》，以及 Ahmad, *Sino-Tibetan Relations in the Seventeenth Century*, pp.310-323，所翻譯的中、藏文件。

78 **三度親征** 《大清聖祖仁皇帝實錄》，卷一八〇，頁六b至七。

79 **總兵官王化行** 前揭書，卷一八一，頁十三。

80 **《武經七書》** 前揭書，卷二四三，頁十七至十八。

81 **噶爾丹之死** 詳見「附錄一」康熙寄太監顧問行的信函，以及《故宮文獻》，第二卷，第二期，頁一二九，給曹寅奏摺的硃批。另可參考《大清聖祖仁皇帝實錄》，卷一八三，頁七；*Eminent Chinese of the Ch'ing Period*, pp.267-268；〈清聖祖諭旨〉，頁六b至七。

82 **熊** Du Halde, *General History*, IV, pp.365-367，張誠在信中的描述。

第二章

1 **詩** 《康熙帝御製文集》，頁二四七七。

2 **生人殺人** 《大清聖祖仁皇帝實錄》，卷二三六，頁十四。《聖祖仁皇帝起居注》，頁四二二。

3 **刑** *I Ching* (Wilhelm), pp.217, 676；《大清聖祖仁皇帝實錄》，卷一一二，頁一。

4 **胡簡敏** 前揭書，卷一四六，頁三至四。另見 Brunnert and Hagelstrom, *Present Day Political Order of China*, no.933。胡簡敏家人亦被正法治罪。另，地方紳矜濟惡鄉里的類似案件，亦可參考《文獻叢編》，頁一一三至一二九。

5 **雅木布** 《大清聖祖仁皇帝實錄》，卷二〇四，頁三b。另有以儆效尤的處置，可參考前揭書，卷一二二，頁十三。

6 **抗命馬郎阿案** 前揭書，卷五十五，頁二十六b至二十七；賈從哲、張元經案，前揭書，卷五十七，頁二十六；思格色案，前揭書，卷一八五，頁十五。

7 **叛逆** 關於凌遲之刑，Staunton, *Penal Code*, pp.269-270。有關朱永祚一案，前揭書，卷二三六，頁十七（亦可參考 Spence, *Ts'ao Yin*, pp.234-236，記述一念和尚）；朱三太子，見《大清聖祖仁皇帝實錄》，卷二三五，頁九（該案原委，前揭書，卷二三二，頁十b；案件細節的報告，詳見〈朱三太子案〉）；假朱三太子之名作號召，可參見《大清聖祖仁皇帝實錄》，卷二三三，頁八。伊拉古克三的背景，前揭書，卷一六九，頁六b。追捕伊拉古克三，前揭書，卷一八三，頁十九b至二十；以及卷一八四，頁六b至八。磔誅伊拉古克三，前揭書，卷一八五，頁二十三。噶爾丹骸骨，前揭書，卷一八九，頁十四b。吳三桂骸骨，前揭書，卷一〇〇，頁十一b。耿精忠及其他叛將，前揭書，卷一〇〇，頁十一b至十四。

8 **斬立決**　前揭書，卷一〇〇，頁十二b；立儲之爭，見本書第五章「阿哥」。

9 **矜恤**　《庭訓格言》，頁三十八、八十b至八十一。另見《大清聖祖仁皇帝實錄》，卷二七二，頁六b至七，記載有位胖太監被典刑之後，暫停處決的傳諭方至。

10 **作亂**　前揭書，卷四十五，頁四，記暫閉城門；楊起隆作亂，前揭書，卷四十九，頁九；卷四十五，頁十三b至十四；土賊，前揭書，卷四十八，頁二十三b。

11 **聖諭**　前揭書，卷五十，頁十六。

12 **縴夫**　前揭書，卷一〇四，頁十五。

13 **核實人犯姓名**　《庭訓格言》，頁三十八b；《大清聖祖仁皇帝實錄》，卷二〇六，頁十四b至十六；《李文貞公（李光地）年譜》，卷二，頁五十六。親眼目睹整個過程的記述，可參見韓菼，《有懷堂文稿》，卷八，頁十四至十七b。

14 **情實之罪**　《大清聖祖仁皇帝實錄》，卷二〇一，頁十六。Sun, *Ch'ing Administrative Terms*, no.1718。

15 **凶器**　《大清聖祖仁皇帝實錄》，卷二五二，頁十八b至十九。

16 **詳閱人犯招冊**　前揭書，卷二〇六，頁十六；卷二一八，頁六b；卷一九五，頁十八b。

17 **引殺妻者**　韓菼，《有懷堂文稿》，卷八，頁十六b。

18 **其餘犯案**　韓菼，前揭書，卷八，頁十四b。其他案件，亦可參考Wu, "Emperor at Work", p.218。

19 **范崧**　《大清聖祖仁皇帝實錄》，卷二〇一，頁十五b至十六。

20 **見其善** 《庭訓格言》，頁一〇九；丹濟拉一例，前揭書，頁七十九b至八十，以及*Eminent Chinese of the Ch'ing Period*, p.268。

21 **俄羅斯人** Fu Lo-shu, *Documentary Chronicle*, I, pp.76, 91, 121。有關Fu Lo-shu所翻譯此階段與俄羅斯人的戰役以及尼布楚條約之媾和等文件，見前揭書，pp.56-103。另，Mancall, *Russia and China: Their Diplomatic Relations to 1728*一書，則是大量援引俄羅斯人與中國人的史料，對這個時期的中俄關係進行全面性的研究。此外，亦可參考Fletcher, "Aleksandrov on Russo-Ch'ing Relations"一文。

22 **苗人** 《庭訓格言》，頁三十九b；《大清聖祖仁皇帝實錄》，卷一〇六，頁十八。

23 **沒收火器** 前揭書，卷二二五，頁十六b至十七。

24 **施琅** 前揭書，卷一一六，頁八；《庭訓格言》，頁八十；*Eminent Chinese of the Ch'ing Period*, p.653。《李文貞公（李光地）年譜》，卷一，頁三十九，記載了讓荷蘭人經營臺灣之論。另，有關施世綸、施世驃的生平，可參考*Eminent Chinese of the Ch'ing Period*, pp.653-654。

25 **三藩之亂** 《大清聖祖仁皇帝實錄》，卷七十六，頁六至八；卷七十八，頁十九；卷八十，頁二十七b；卷八十五，頁十二。

26 **傑書** 前揭書，卷八十八，頁二b；卷八十八，頁三。宜昌阿，前揭書，卷八十九，頁二b至三。

27 **叛將之死** 前揭書，卷九十八，頁十六至十七。

28 **其餘伏誅之叛將** 前揭書，卷一〇〇，頁十一b至十三；卷一〇二，頁四；卷一〇二，頁五。

29 **寬典** 前揭書，卷九十八，頁十三；卷一〇二，頁二十五；卷一〇三，二十b。

30 **關於三藩之亂的聖諭** 前揭書，卷九十九，頁八；《康熙帝御製文集》，頁二一一至二一三。

31 **調查撤藩事宜的將領** 《大清聖祖仁皇帝實錄》，卷四十三，頁五。奉派前去試探耿精忠、尚可喜的將領是漢人。

32 **籌辦撤藩之事** 設專員的作法，前揭書，卷四十三，頁六；安插於滿州地區，前揭書，卷四十三，頁九；整編佐領，前揭書，卷四十四，頁八至九。大臣的建言，前揭書，卷四十四，頁十七b。這些籌辦事務的細節已不可考，但有趣的是，康熙與米斯翰、莫洛、明珠久待南苑（前揭書，卷四十一，頁三b）。正是在這時候，康熙著其信任的王熙轉調兵部尚書（前揭書，卷四十二，頁十一b）。這段期間的部分記載，亦可參考《聖祖仁皇帝起居注》。滿大臣的暗中觀察，見《大清聖祖仁皇帝實錄》，卷四十三，頁十一b。

33 **薩穆哈、黨務禮** 前揭書，卷四十四，頁十二。

34 **碩岱** 《八旗通志》，卷一五五，頁二十五至二十七b；《大清聖祖仁皇帝實錄》，卷四十四，頁十二b。

35 **胸有成竹** 遴選皇族血統之人，前揭書，卷四十八，頁十三；賜禮，前揭書，卷四十四，頁十六b至十七；祝禱，前揭書，卷四十五，頁五。

36 **誤判形勢** 康熙本人的評析，前揭書，卷六十，頁三b至四；卷八十，頁二十九；卷九十一，頁二十五b至二十六。

37 **漢將** 請對照前揭書，卷五十五，頁十八b，康熙怒斥滿將；前揭書，卷五十五，頁二十b，則是溫言嘉許漢將。Tsao, *The Rebellion of the Three Feudatories* 一書，徵引中國資料，全面分析三藩之亂的整個過程。另外，亦可參考 *Eminent Chinese of the Ch'ing Period* 一書中吳三桂、尚之信、耿精忠傳記間相互參照的註解。神田信夫所撰之〈平西王吳三桂の研究〉一文，則對三藩的組織背景有詳細的析論。

38 **究責** 《庭訓格言》，頁十七至十九。

39 **喇沙里** 追思喇沙里的諭旨，見《大清聖祖仁皇帝實錄》，卷八十六，頁七b。喇沙里之生平，可見《八旗通志》，卷二三六，頁二十，以及《欽定大清會典事例》，卷一〇五二，頁二b，對喇沙里的稱許。

40 **不順遂** 太和殿祝融，見《大清聖祖仁皇帝實錄》，卷八十七，頁三；地震，前揭書，卷八十二，頁十八；身體抱恙，前揭書，卷八十七，頁四b至五。

41 **索額圖與魏象樞** 索額圖的事蹟，見《庭訓格言》，頁八b至九；以及 *Eminent Chinese of the Ch'ing Period*, pp.663-666；魏象樞部分，見《大清聖祖仁皇帝實錄》，卷一六三，頁十七，以及 *Eminent Chinese of the Ch'ing Period*, pp.848-849。論索額圖的家產，見《大清聖祖仁皇帝實錄》，卷一〇八，頁六；魏象樞對索額圖的抉怨，前揭書，卷一六三，頁十七。

42 **道學家** 康熙的一般性評價，前揭書，卷一六三，頁十七，以及卷一二〇，頁十五；宜言行相顧之論，前揭書，卷一一二，頁二b，及卷一五九，頁三b；論李光地（其人生平，可參考 *Eminent Chinese of the Ch'ing Period*, pp.473-475），前揭書，卷二〇六，頁五b，及卷二一六，頁三；論彭鵬（其人生平，可參考 *Eminent Chinese of the Ch'ing Period*, pp.613-614），前揭書，卷二四三，頁十二b至十三；論彭鵬性格乖張，前揭書，卷二〇六，頁二十至二十一；論趙申喬（其人生平，可參考 *Eminent Chinese of the Ch'ing Period*, p.80），前揭書，卷二〇六，頁五b，及卷二一一，頁十六；論施世綸（其人生平，可參考 *Eminent Chinese of the Ch'ing Period*, pp.653-654，含康熙對他的評價），前揭書，卷二〇六，頁八；論楊名時，前揭書，卷二一四，頁十六b。

43 **張鵬翮** 前揭書，卷二〇一，頁二十一，及卷二〇三，頁十九b中列舉的好官；亦可見Wu, *Communication and Control*, p.24，文中的討論。「河伯」的解釋，見Werner, *Chinese Mythology*, p.159；河神的位階，亦可參考Werner的前揭書，pp.433-436。黃河上游滴雨未降，見《大清聖祖仁皇帝實錄》，卷二〇五，頁三b；對旗員不假好言，前揭書，卷二一九，頁十九b。

44 **朋黨** 前揭書，卷一七九，頁九，及卷一六四，頁三b至四。康熙論早期滿族大員結為朋黨的觀感，前揭書，卷二三四，頁十三。

45 **大火** 前揭書，卷一一四，頁二十四。和碩康親王傑書府失火，康熙曾親臨救視，亦見前揭書，卷一二八，頁二十三b。

46 **參劾** 彈劾旗員，前揭書，卷二〇三，頁十九；涉及康熙五十、五十一年間科場案的滿人，Spence, *Ts'ao Yin*, pp.240-254，以及Wu, *Communication and Control*, pp.142-148，兩處的討論；護國良將，見《大清聖祖仁皇帝實錄》，卷二〇三，頁十六b至十七b；徇私，前揭書，卷一六六，頁七。

47 **刁吏** 前揭書，卷一七九，頁九。《魏敏果公（魏象樞）年譜》，頁五十。

48 **溫保** 前揭書，卷一八三，頁二十b至二十一，及卷一八三，頁二十八b。

49 **耳目暢通** 前揭書，卷一八三，頁二十八。亦可參考Wu, *Communication and Control*，書中第三、五、六章的扼要討論，以及Wu, "A Note on the Proper Use of Documents" 一文的深入探討，另可參考Spence, *Ts'ao Yin* 全書。康熙於康熙八年八月二日諭令杜絕洩密，首見他明確地傳達意旨。另見《庭訓格言》，頁五十七至五十八，及《大清聖祖仁皇帝實錄》，卷三十一，頁一b。

50 **奏摺** 前揭書，卷二六五，頁十四b。Wu, "The Memorial Systems of the Ch'ing Dynasty" 是對清代奏摺

制度進行系統性剖析的佳作。慎防奏摺內容洩漏的早期（即康熙二十八年）例子，可參考《陸侍御（陸隴其）年譜》，頁二十五b。劉蔭樞部分，見《故宮文獻》，第三卷，第一期，頁一一六至一一七。有關另一位失明的資深官員，見〈年羹堯摺〉。

51 **代書滿文** Wu, *Communication and Control*, p.43，以及《故宮文獻》，第一卷，第二期，頁二一三、二一七。

52 **濫用密摺** 《大清聖祖仁皇帝實錄》，卷二二五，頁十七。

53 **陛見** 武將進京陛見，前揭書，卷一〇九，頁二。Wu, *Communication and Control*, p.22，有一般性分析。《蒙齋（田雯）自訂年譜》，頁二十六，記載了官員的就座；Wu, "Emperor at Work", pp.224, n.22，提及聽障官員。引導議論，見《華野郭公（郭琇）年譜》，頁三十二。禁談族人問題，見《魏敏果公（魏象樞）年譜》，頁五十b。書而誌之，見《大清聖祖仁皇帝實錄》，卷一九一，頁十六b。

54 **北遊** du Halde, IV, pp.348-349, 378，張誠的信函。

55 **南巡** 《聖祖五幸江南全錄》，頁十三b、二十五b、三十二b、三十六b、三十九b。

56 **匿名飛語** 《大清聖祖仁皇帝實錄》，卷三十八，頁二十四。

57 **誇大其詞** du Halde, IV, pp.352-353 收錄的張誠信函。

58 **不分滿漢** 《大清聖祖仁皇帝實錄》，卷二三六，頁十三，以及卷二五一，頁十六b；Spence, *Ts'ao Yin*, pp.253-254。

59 **傀儡** 前揭書，卷一四九，頁十九。

60 **引宋儒之賢** 前揭書，卷二〇四，頁十四b。

61 **滿漢之分** 論將領特色，前揭書，卷二五五，頁十八b至十九；滿兵剽悍，前揭書，卷一八四，頁五。滿族翰林，前揭書，卷一九一，頁二十四b至二十五。康熙對喇沙里的盛讚，以及對康勒納、葛思泰的美言，前揭書，卷一二五，頁二十一b。前揭書，卷一〇九，頁四b，記載公然乘馬直入衙門；《故宮文獻》，第一卷，第三期，頁一七七，記妨礙審案；邵甘，見《大清聖祖仁皇帝實錄》，卷一一七，頁二十二；骰子，前揭書，卷一三一，頁二十一；軍人嗜賭，前揭書，卷二一二，頁九至十；王公貴族部分，前揭書，卷一八八，頁六；韓菼耽緬飲酒，前揭書，卷二一四，頁十七b，以及卷二二四，頁二十七；對奕嬉戲，前揭書，卷一二七，頁十一b；嗜酒後遺症，《庭訓格言》，頁二十七至二十八、九十二b至九十三b。

62 **陰與陽** 《大清聖祖仁皇帝實錄》，卷二五五，頁十八b。

63 **過譽** 前揭書，卷二五五，頁十八b，及卷二八四，頁四b至五。

64 **乾卦** 關於康熙讀《易》研究「豫」卦一節，詳見《聖祖仁皇帝起居注》，頁四八五、四八八、四九一的記載。對「乾」卦的註解，見 *I Ching* (Wilhelm), pp.9, 383；康熙論「乾」卦，見《大清聖祖仁皇帝實錄》，卷一一五，頁二。

65 **豐卦** 前揭書，卷一一一，頁三十b，以及 *I Ching* (Wilhelm), p.670。「豐」卦第三爻，見 *I Ching* (Wilhelm), p.215。

66 **賞善罰惡** 《庭訓格言》，頁二十三b、三十三。

67 **宦官** 《大清聖祖仁皇帝實錄》，卷一六三，頁二十四b，記錢文才案；《庭訓格言》，頁三十三b，論閒談笑語；《大清聖祖仁皇帝實錄》，卷二四〇，頁十，論太監人數；前揭書，卷一五四，頁九，論太監的貧窮；前揭書，卷一一四，頁二十八，論委之太監閱覽奏疏。

68 **工作負荷** 《聖祖西巡日錄》，頁五，舉秦堂為例；《庭訓格言》，頁三十八，提及一日親覽三、四百奏章。

69 **傳喇塔** 《大清聖祖仁皇帝實錄》，卷五十六，頁三。

70 **河務** 論處理河務的一般原則，見《庭訓格言》，頁七十四；米價部分，前揭書，頁九十一b至九十二；罷黜治河官員，前揭書，頁七十二至七十三b。康熙於南巡時視察河務，可參考Spence, *Ts'ao Yin*, ch.4。河圖是由侍衛馬武所繪製，見《大清聖祖仁皇帝實錄》，卷一三五，頁七b。

71 **張伯行奏疏** 《故宮文獻》，第一卷，第四期，頁一八〇。

72 **海賊** 「大鳥船」，《大清聖祖仁皇帝實錄》，卷二一三，頁九；米糧火藥，前揭書，卷二五四，頁二至三b；海賊巢穴地圖，前揭書，卷二七四，頁八至九；逼使海賊上岸，《故宮文獻》，第一卷，第一期，頁六十八；施世綸的精壯親丁，前揭書，第一卷，第三期，頁一五一；火器，前揭書，第一卷，第四期，頁九十四至九十五；招撫海賊委任其事，《大清聖祖仁皇帝實錄》，卷二五四，頁三b；招降海賊充當說客，前揭書，卷二一五，頁二十；追蹤海賊行跡，前揭書，卷二一三，頁九；依計誘敵，前揭書，卷二三六，頁十五。

73 **商船** 前揭書，卷二五四，頁二b至三。

74 **西洋船** 前揭書，卷二五三，頁十b。Fu Lo-shu, *Documentary Chronicle*, I, p.118。

75 **海賊類型** 貿易之人，前揭書，卷二一三，頁十五，及卷二二九，頁十三b；地方宵小，《故宮文獻》，第一卷，第三期，頁一四五。前揭書，第一卷，第三期，頁一五一，康熙硃批道，當委實盤查。

76 **鹽** 前揭書，第一卷，第四期，頁九十三，其中有康熙載奏摺行文間硃批「是」，以及第一卷，第四期，頁一〇一。

77 **礦徒** 前揭書，第一卷，第三期，頁一四七。亦可參考Sun, "Mining Labor in the Ch'ing Period", pp.50-55。《故宮文獻》，第一卷，第三期，頁一五〇，對「裹脅」之法的討論。禁絕開採新礦之議，見《李文貞公（李光地）年譜》，卷二，頁五十九。

78 **各省之人** 論福建人，《大清聖祖仁皇帝實錄》，卷二四三，頁十二b；論陝西人，前揭書，卷二〇一，頁十六；論山東人，前揭書，卷二〇四，頁六，及《聖祖五幸江南全錄》，頁四十八；論喀爾喀蒙古，見《大清聖祖仁皇帝實錄》，卷二〇三，頁二十二；論山西人，見《聖祖西巡日錄》，頁六；論江蘇人，見《大清聖祖仁皇帝實錄》，卷一四八，頁二十一b，以及卷一三九，頁二十三b至二十四。

79 **以偏概全之議** 所枚舉之例，前揭書，卷一六五，頁二十二；論人才不擇地而生，前揭書，卷一五二，頁十七b至十八。

80 **武將** 前揭書，卷一六五，頁七b，以及卷二一〇，頁八。

81 **科考主考官** 左必蕃貪瀆案，見Spence, *Ts'ao Yin*, pp.241-249；對文義茫然不解，《大清聖祖仁皇帝實錄》，卷一二〇，頁六；對於地方民情毫未通曉，前揭書，卷一三一，頁十四b至十五；惟能背誦，前揭書，卷二一四，頁十六b；地緣情誼，前揭書，卷二二四，頁三十。擇才依貧寒，前揭書，卷一九八，頁二十三b至二十四。綜論中國科舉制度，可參考商衍鎏，《清代科舉考試述錄》。有關應考者的十年寒窗與生活型態，可參考Chang Chung-li, *The Chinese Gentry* 與 Ho Ping-ti, *The Ladder of Success* 二書。

82 **應試者** 論省籍，《大清聖祖仁皇帝實錄》，卷二六五，頁二十二；論貧寒，前揭書，卷一九八，頁二十四；翰林官員，前揭書，卷二九〇，頁三十b；不能句讀，前揭書，卷一二七，頁十一；論漢軍官員，前揭書，卷一二五，頁二十三；論口音，前揭書，卷二四九，頁十九。

83 **科考** 《顧閭邱（顧嗣立）自訂年譜》，頁九，詳述覆試中試舉人；《大清聖祖仁皇帝實錄》，卷一九七，頁八，亦有論及。康熙察覺舉人考試的弊端，可見《聖祖五幸江南全錄》，頁三十一。科考的各種方法，可參考《錢文端公（錢陳群）年譜》，頁十九b：康熙因錢陳群母疾無法參加特科考試，而賜他一只小錢包。《毛西河（毛奇齡）先生傳》，頁二十，記述「博學」科考試。狄億，《暢春園御試恭紀》，記應試滿人的科考。

84 **賢良之材** 梅穀成，見《故宮文獻》，第一卷，第四期，頁七十八至七十九（康熙聽聞梅穀成祖父梅文鼎，可見《李文貞公（李光地）年譜》，卷一，頁五十b至五十一；卷二，頁十七、十八b、二十五b）。明安圖，《清史列傳》，卷七十一，頁五十二b。王蘭生，《大清聖祖仁皇帝實錄》，卷二六八，頁三b。高士奇，《蓬山密記》，頁三。勵杜納，*Eminent Chinese of the Ch'ing Period*, p.491。其餘這類賢良人才，亦可參考房兆楹、杜聯　，《增校清朝進士提名碑錄》，頁二四五，作為補充。

85 **士人巡撫** 房兆楹、杜聯喆，《增校清朝進士提名碑錄》，頁四十至四十一。

86 **陳元龍** 其人生平，見《清史列傳》，卷十四，頁十三；此處所引奏摺，見《故宮文獻》，第二卷，第一期，頁一〇五至一一五。康熙先是在陳元龍奏摺裡硃批說：「具題。」但在前揭書，第二卷，第一期，頁一一一的奏摺裡，斥責陳元龍；後在前揭書，第二卷，第一期，頁一一五至一一八，陳元龍據實情稟奏，然康熙並未多作評論。

87 **王度昭** 前揭書，第一卷，第一期，頁六十至六十六。王度昭其人生平，可參考《國朝耆獻類徵初編》，卷六十，頁四十二至四十三。

88 **調職** 《大清聖祖仁皇帝實錄》，卷一〇九，頁二十一。轉調之副都統，見Brunnert and Hagelstrom, *Present Day Political Order of China*, no.720。

89 **張伯行** 《國朝耆獻類徵初編》，卷六十一，頁七。《張清恪公（張伯行）年譜》，卷一，頁二十七b至二十八，記載了康熙關於張伯行的這段談話。擬斬，見《大清聖祖仁皇帝實錄》，卷二六五，頁九；康熙的寬恕，前揭書，卷二六六，頁十一b。可對照《張清恪公（張伯行）年譜》，卷二，頁十五，對張伯行辭官較為正面的觀點。

90 **丁** 初步估算，見《大清聖祖仁皇帝實錄》，卷二四九，頁十五。王度昭於康熙五十九年所上的奏摺，見《故宮文獻》，第一卷，第一期，頁六十三至六十四。關於「丁」的制度，可參考Ho Ping-ti, *Studies on the Population of China*, pp.24-35。根據Ho Ping-ti的分析，我們可以了解，康熙所思考的是華北成年男子人口的丁數，而不是更全面性的土地單位。有關清代稅制，可參考Wang Yeh-chien, "The Fiscal Importance of the Land Tax During the Ch'ing Period"這篇清晰佳作。

91 **丁數的實情** 論減免錢糧，這整段敘述，援引自《大清聖祖仁皇帝實錄》，卷二四九，頁十五至十六b。論稅制，前揭書，卷二四八，頁五至六，及卷二五一，頁十三至十四。自此之後所生之人丁不必徵收錢糧的原始用語是：「永不加賦，滋生人丁。」根據前揭書，卷二五七，頁十九的記載，以二千三百五十八萬七千二百二十四人為基準，每年人口的成長數是六萬零四百五十五人。是故，幾年後，其人口數約為二千四百萬人。

92 **胡作梅**　《故宮文獻》，第一卷，第三期，頁一七九。

93 **康熙的決定**　《大清聖祖仁皇帝實錄》，卷二五一，頁十三至十四b。

94 **康熙十一年冬**　前揭書，卷四十，頁二十b。康熙的用語是：「與其多一事，不如省一事。」

95 **曹寅的硃批奏摺**　《故宮文獻》，第二卷，第一期，頁一三六；師懿德的硃批奏摺，前揭書，第一卷，第四期，頁九十四；張谷貞的硃批奏摺，前揭書，第一卷，第四期，頁二一七。

96 **穆爾賽**　《大清聖祖仁皇帝實錄》，卷一二二，頁五b至六。

97 **郎廷極**　《故宮文獻》，第一卷，第四期，頁六十六至六十七。

98 **《中庸》**　Legg, *The Chinese Classics*, I, pp.395-396. *Doctrine of the Mean*, XIV, 1,3,4。康熙在《大清聖祖仁皇帝實錄》，卷二七五，頁十b曾引述，並在〈清聖祖諭旨〉，頁四，讚許斯言。

99 **盡人事**　《庭訓格言》，頁一一六。

100 **乾旱不雨**　前揭書，頁八十三。

101 **夬卦**　《李文貞公（李光地）年譜》，卷一，頁四十五，記載卜得此卦。夬卦意義，見 *I Chang* (Wilhelm), pp.168-169。革明珠之職，見《清史》，頁二五六九。彈劾，見《大清聖祖仁皇帝實錄》，卷一三三，頁十七至二十b。

102 **徵兆**　巽方風起，前揭書，卷二四二，頁四b；直書占語，前揭書，卷一五四，頁六；日食，前揭書，卷一八〇，頁一b，以及卷一八六，頁四b；蝗災，前揭書，卷一六三，頁四b，及卷一五三，頁八。

103 **命運**　論命定，《庭訓格言》，頁六十九b至七十；命由心造，福自己求，前揭書，頁七十六b至七十七；江湖術士朱方旦，《大清聖祖仁皇帝實錄》，卷一〇一，頁四，以及卷一〇一，頁十一。康熙於康熙六十年遺羅瞎子至年羹堯處，見〈年羹堯摺〉，頁四十七。

104 **少年時** 預知，見《大清聖祖仁皇帝實錄》，卷二七三，頁三b至四；康熙於《庭訓格言》，頁十九，有感而發說：「大雨雷霆之際，決毋立於大樹下。」

105 **《易經》** 論《易》，見《大清聖祖仁皇帝實錄》，卷一一七，頁十九b；論易之玄奧，前揭書，卷一一一，頁二十九b。

106 **人聲** 前揭書，卷二四一，頁十三b。

107 **書法** 《庭訓格言》，頁三、一〇〇。高士奇，《蓬山密記》，頁一、三。滿文書法，見《大清聖祖仁皇帝實錄》，卷二一六，頁十九。

108 **祝禱** 前揭書，卷一一九，頁二b至三。

第三章

1 **詩**　《康熙帝御製文集》，頁二四二八。

2 **請益**　《庭訓格言》，頁九b至十。

3 **巧匠**　前揭書，頁四十八b至四十九。周姓老人，見〈清聖祖諭旨〉，頁十八b；朱四美，前揭書，頁十九b。

4 **鹿、麋有別**　前揭書，頁十七b；《庭訓格言》，頁四十七。

5 **樂器**　Legg, *The Chinese Classics*, IV, p.346。康熙論作詩賦，《庭訓格言》，頁四十六b至四十七。康熙高談音律之理，前揭書，頁八十六b至八十八b。

6 **潮汐**　〈清聖祖諭旨〉，頁十六b。

7 **世務之理論**　體察世務，見《庭訓格言》，頁四十一b；古玩之說，前揭書，頁六十一；安多（小傳見 Pfister, *Jesuits*, no.163），前揭書，頁六十八b。進貢之獅，前揭書，頁八十八b至八十九，以及 Fu Lo-shu, *Documentary Chronicle*, I, p.52；海獅，見 d'Orleans, *Conquerors*, p.111 收錄之南懷仁的信函。

8 **西洋奇技**　自鳴鐘，見《庭訓格言》，頁六十四b至六十五；玻璃器皿，見高士奇，《蓬山密記》，頁二（另可參考 Fu Lo-shu, *Documentary Chronicle*, I, p.113）；漆器，見《庭訓格言》，頁六十三。

9 **讀書應有疑**　前揭書，頁一b至三。

10 **奇異之事**　d'Orleans, *Conquerors*, pp.142-143 中徐日昇（小傳見 Pfister, *Jesuits*, no.142）的信函；螢火蟲與猛獁，見 Fu Lo-shu, *Documentary Chronicle*, I, p.113；稻穗成血，見《大清聖祖仁皇帝實錄》，卷

二〇一，頁十三。

11 **聖地**　張英，《南巡扈從紀略》，頁十八；Spence, *Ts'ao Yin*, ch.4，敘述康熙南巡；五臺山，見《大清聖祖仁皇帝實錄》，卷一一四，頁二十七b；泰山、捨身崖，前揭書，卷一一七，頁三b。

12 **孔子故居**　康熙親訪曲阜闕里的扼要記載，前揭書，卷一一七，頁二十五至三十一；孔尚任，《出山異數記》則有詳細的敘述。

13 **詣孔子故居**　孔尚任，前揭書，頁十至十五。問孔尚任年齡之段落，見孔尚任，前揭書，頁二十b。康熙對孔子手植檜樹的好奇，見張英，《南巡扈從紀略》，頁六b至七。

14 **孔子墳墓**　孔尚任，《出山異數記》，頁十七b至二十一。

15 **賜禮**　孔尚任，前揭書，頁二十二、二十四b。《大清聖祖仁皇帝實錄》，卷一一七，頁三十一。

16 **船**　「沙船」，前揭書，卷一一七，頁十。前揭書，卷二七〇，頁十五未標明訪蘇州的日期，可能是在康熙詣蘇州船廠之時。「黃船」，《庭訓格言》，頁七十一b至七十二。

17 **西洋天文學家**　《庭訓格言》，頁八十六。康熙諭旨的英譯，見Fu Lo-shu, *Documentary Chronicle*, I, pp.35-38, 44-46, 58,93，以及d'Orleans, *Conquerors*, pp.96, 129中南懷仁的信函。

18 **西洋算術**　討論歐幾里得幾何學，見*Lettres édifiantes*, VII, pp.186-189；鑄造火，〈清聖祖諭旨〉，頁十六b；大水法，Flettinger MS., fol.2322；風車，Flettinger MS., fol.2321。簡述南懷仁在機械方面的工作，見Spence, *To Change China*, pp.26-28。南懷仁的傳記，可參考Bosmans, *Verbiest*。胤禔，見《庭訓格言》，頁五十七b，*Lettres édifiantes*, VIII, p.88。

19 **音樂與繪畫**　高士奇，《蓬山密記》，頁三b，及Pfister, *Jesuits*, p.382記徐日昇與音樂。至於德理格，

Pfister, *Jesuits*, p.384, no.1 稱他是在康熙五十年成為宮廷樂師。Rosso, *Apostolic Legations*, p.300（以及《康熙與羅馬使節關係文書》第六函）指出，德里格曾教康熙的皇三子、皇十五子、皇十六子。有關八音階及音律，見《大清聖祖仁皇帝實錄》，卷一五四，頁三b。康熙的皇三子胤祉與音樂，可參考《望溪先生（方苞）年譜》，頁十一b。〈清聖祖諭旨〉，頁十九b，記康熙稱許胤禛（日後的雍正皇帝）的音樂技巧。格拉迪尼的宮廷畫作，見Gherardini MS.；康熙曾命西洋畫師為其嬪妃作畫，並向高士奇出示（見《蓬山密記》，頁四）。另見Fu Lo-shu, *Documentary Chronicle*, I, p.113。

20 **其他算術**　論重量與體積，見*Lettres édifiantes*, VII, pp.190-191；河工與周長，見《大清聖祖仁皇帝實錄》，卷二四五，頁九至十一；河道閘口，前揭書，卷一五四，頁四。

21 **地平線與日食**　認錯，《庭訓格言》，頁八；杜德美（其人小傳可參考Pfister, *Jesuits*, no.260），〈清聖祖諭旨〉，頁十六b；地表曲度，《大清聖祖仁皇帝實錄》，卷二四一，頁十一b至十二；日食，《大清聖祖仁皇帝實錄》，頁二一八，頁一b；緯度，前揭書，卷二六〇，頁十b至十一。

22 **輿圖**　《庭訓格言》，頁六十八b至六十九b。雷孝思小傳，見Pfister, *Jesuits*, no.236；白晉小傳，見Pfister, *Jesuits*, no.171。康熙諭令洋人繪製輿圖的諭旨，見《大清聖祖仁皇帝實錄》，卷二八三，頁十b至十二b。皇輿全覽圖的分析與複製，見Fuchs, *Jesuiten-Atlas*。康熙糾正劉蔭樞巡撫的硃批，見《故宮文獻》，第三卷，第一期，頁一二六至一二七。費隱小傳，見Pfister, *Jesuits*, no.274。

23 **了無新意**　橋本敬造，《梅文鼎の曆算學——康熙年間の天文曆算學》，頁四九七；*Eminent Chinese of the Ch'ing Period*, pp.570-571。《李文貞公（李光地）年譜》，卷二，頁十七（康熙於康熙四十二年收到梅文鼎的著作），以及卷二，頁二十五b（康熙於康熙四十四年與梅文鼎討論這本書，並嘉勉之）。這本著作是梅文鼎的《曆學疑問》；卷四十六，頁一、二，記載了康熙的討論，頁三扼要比較了中土與西洋曆學的異同。

24 **根源** 「阿爾朱巴爾」一詞，見《大清聖祖仁皇帝實錄》，卷二四五，頁十b；北極高度，見〈清聖祖諭旨〉，頁十七；四正四維之說，見〈清聖祖諭旨〉，頁十一b。Needham, *Science and Civilization*, III, p.57。康熙對《河圖》、《洛書》的猶疑，見《庭訓格言》，頁七十六。

25 **舛錯** 《大清聖祖仁皇帝實錄》，卷二一八，頁一b至二；卷二四八，頁十b。

26 **鼠目寸光** Rosso, *Apostolic Legations*, pp.305, 268，記白晉，及p.376，記令人可笑。另見《康熙與羅馬使節關係文書》，第十四函。

27 **誤導** Rosso, *Apostolic Legations*, pp.285, 287；《康熙與羅馬使節關係文書》，第五函，亦可見〈清聖祖諭旨〉，頁十六。

28 **多羅** Rouleau, "de Tournon," pp.285, 313, 316-317, ns.12,14。

29 **偏信** Rosso, *Apostolic Legations*, p.329；〈清聖祖諭旨〉，頁十五b至十六；Rouleau, "de Tournon," pp.288-289, 292-295, 302, 309-310, n.78。

30 **覲見** 伊始，Rouleau, "de Tournon," pp.313-316。

31 **覲見** 繼續，Rouleau, "de Tournon," pp.315-316, 318, n.18。

32 **覲見** 結束，Rouleau, "de Tournon," pp.319-321。

33 **中國禮儀** Rosso, *Apostolic Legations*, pp.138-145。

34 **闔當** Rosso, *Apostolic Legations*, pp.339-340（及《康熙與羅馬使節關係文書》，第十一函），以及p.358

（及《康熙與羅馬使節關係文書》，第十三函）。

35 **物類與天使** Rosso, *Apostolic Legations*, pp.340, 353（及《康熙與羅馬使節關係文書》，第十一、十三函），以及 p.366 閻當的離去。

36 **胤礽** *Lettres édifiantes*, IX, p.398。

37 **崇敬之神、懼怕之物** 《庭訓格言》，頁六十一b至六十二。

38 **語音** 前揭書，頁五十五；語言字母殊異，《大清聖祖仁皇帝實錄》，卷二四一，頁十三；卷二八六，頁三。

39 **白多羅會** Rosso, *Apostolic Legations*, p.348（《康熙與羅馬使節關係文書》，第十三函），記白多羅會、耶穌會。

40 **先知** Rosso, *Apostolic Legations*, p.237（《康熙與羅馬使節關係文書》，第十一函），記白晉與沙國安；ibid., pp.234-235，論佛郎機人、法蘭西人，以及 p.311（《康熙與羅馬使節關係文書》，第七函），論魔鬼。

41 **康熙的恫嚇** Rosso, *Apostolic Legations*, pp.244（《康熙與羅馬使節關係文書》，第四函），368（《康熙與羅馬使節關係文書》，第十三函）。

42 **傳教士留在中土** Rouleau, "de Tournon," p.296, n.60；Rosso, *Apostolic Legations*, p.239（及《康熙與羅馬使節關係文書》，第二函）。有關離華的種種困難，見 Gherardini MS. 於一七〇一年十一月寫的信函。

43 **具結領票** Rouleau, "de Tournon," p.268, n.7 及 p.287, n.47。Rosso, *Apostolic Legations*, pp.171-178 與 p.171, n.59 有關馬國賢（Ripa）神父對於領票具結的描述。

44 **對洋人的焦慮** 《大清聖祖仁皇帝實錄》，卷二七〇，頁十一b；Fu Lo-shu, *Documentary Chronicle*, I, pp.106, 122-123。

45 **陳昴** Fu Lo-shu, *Documentary Chronicle*, I, pp.123-126；de Mailla's letter to de Colonia, *Lettres édifiantes*, XIV, p.86；另見 Rosso, *Apostolic Legations*, p.315 對陳昴的評論。

46 **耶穌會修士** *Lettres édifiantes*, XIV, pp.129-133；Rosso, *Apostolic Legations*, p.321。

47 **滄海一粟** Rouleau, "de Tournon," p.315, n.8 and p.320。

48 **洋人教義的粗鄙** Rosso, *Apostolic Legations*, p.376（及《康熙與羅馬使節關係文書》，第十四函）。基督徒類似和尚、道士之說，見 Fu Lo-shu, *Documentary Chronicle*, I, p.105；*Lettres édifiantes*, XIII, pp.381-384，記處子馬利亞；Flettinger MS., fol.2323v，記康熙與南懷仁的討論；Bell, *A Journey from St. Petersburg to Peking*, p.154，記諾亞；*Lettres édifiantes*, VII, pp.140-141，記樂於見識奇蹟。

49 **管理和尚道士** 《欽定大清會典事例》，卷五〇一，頁一至四；卷五〇一，頁五。

50 **基督徒** Flettinger MS., fol.2320v。楊光先於順治十七年高估中國境內基督徒有一百萬人（Fu Lo-shu, *Documentary Chronicle*, I, p.36）。依基督會修士的估計，康熙三十三至四十二年間，北京每年有六百成年人皈依天主教（*Lettres édifiantes*, VI, p.79）。

51 **禁教** 《庭訓格言》，頁四十、四十三；De Groot, *Religious Persecution*, pp.153-154；《欽定大清會典事例》，卷一三二，頁四；《大清聖祖仁皇帝實錄》，卷二三八，頁七b；及卷一二九，頁十四b，論禁賣淫詞小說。

52 **查禁私刻文集** 王曉傳，《元明清三代禁燬小說戲曲史料》，頁二十二；《欽定大清會典事例》，卷七六七，頁三。《大清聖祖仁皇帝實錄》，卷二四八，頁九，以及 *Eminent Chinese of the Ch'ing Period*, p.701，皆指出康熙誤以為戴名世與方孝標家族勾結。另見 Goodrich, *The Literary Inquisition of Ch'ing-lung*, pp.77-78。

53 **戴名世案** 戴名世，《南山集》，頁四一九至四二〇。第一部分的翻譯，見 Lucien Mao, "Tai Ming-shih," pp.383-384。《大清聖祖仁皇帝實錄》，卷二四九，頁三；卷二五三，頁十三。

54 **史書** 皇帝的責任，見《大清聖祖仁皇帝實錄》，卷一五四，頁七；《宋史》、《元史》，前揭書，卷二一八，頁十一b至十二；不宜譏笑，前揭書，卷一七九，頁十；崇禎騎馬，前揭書，卷二四〇，頁十b至十一；詳問袁本清，前揭書，卷二五二，頁七；詢問張鵬翮，前揭書，卷二五四，頁二十六b；親見張獻忠的養子，前揭書，卷二五四，頁二十七。

55 **可信度** 論項羽，見前揭書，卷二七三，頁十八；論明朝朋黨之爭，前揭書，卷一五四，頁八至九。

56 **面詢太監** 前揭書，卷二一二，頁七；卷二四〇，頁九；卷二五四，頁二十六b；卷二五九，頁七b。王承恩的自縊，前揭書，卷二一二，頁七b。

57 **明史史料** 「邸報」，前揭書，卷一一一，頁三十二；論野史，前揭書，卷二七三，頁十八；論事繁而雜，前揭書，卷一一三，頁六，及卷一一一，頁三十二b；訛誤，前揭書，卷一四四，頁十五。

58 **康熙詳晰批閱** 論偏見，前揭書，卷一一一，頁三十二b；後世公論，前揭書，卷一五四，頁六b至七，及卷一一四，頁二十八。

59 **納諫** 翰林官，前揭書，卷一一三，頁六b；記康熙的閱讀，前揭書，卷一二一，頁十八，及卷一五〇，頁十七b至十八；論唐太宗，前揭書，卷七十三，頁二十一b。

60 **並存實錄史料** 前揭書，卷一三〇，頁四。

61 **史料** 論洪武、永樂，前揭書，卷一七九，頁十；論宣德，前揭書，卷一五四，頁六b；論崇禎，前揭書，卷二七九，頁八。

62 **事實** 前揭書，卷一二八，頁三b，及卷一三〇，頁四。

63 **齊世武、屈盡美** 前揭書，卷二一三，頁十三。

第四章

1 **詩** 《康熙帝御製文集》，頁二四六八。

2 **高士奇的藥方** 高士奇，《塞北小鈔》，頁一，「益元散」藥方。其餘病兆，則可參見頁四b、六、九。張璐，《醫通》，卷十六，頁九十六b的益元散藥方。此處及下述的藥材，見Bretschneider, *Botanicon Sinicum*，Wallnöfer, *Chinese Folk Medicine*，以及謝觀編，《中國醫學大辭典》。

3 **王隲的藥方** 這段情節，見《王大司農（王隲）年譜》，頁四十b至四十一。藥方，見鈕琇，《觚賸續編》，頁六四三七。根據王隲年譜的記載，王隲聲稱，萃仙丸讓他精力旺盛，過去四十年來，與六十八名女子享受魚水之歡。另見張璐，《醫通》，卷十四，頁一一三。

4 **魏象樞的藥方** 《魏敏果公（魏象樞）年譜》，頁六十三。「六君子湯」，見謝觀編，《中國醫學大辭典》，頁四三三；張璐，《醫通》，卷十六，頁五十三b。

5 **御醫李德聰** 《故宮文獻》，第一卷，第四期，頁一九二至一九五。這些豐富的情節，可作為醫學研究的珍貴素材。

6 **老人** 〈清聖祖諭旨〉，頁二十b至二十一。

7 **藥品** 《庭訓格言》，頁五十六、九十八至九十九。《大清聖祖仁皇帝實錄》，卷四十二，頁八，及卷二四六，頁二b。

8 **養生** 前揭書，卷二三〇，頁七；《故宮文獻》，第一卷，第二期，頁一九五，康熙指示宋犖：「年老之人，飲食起居須要小心。」《庭訓格言》，頁三b、五十六b至五十七。

9 **飲食** 〈清聖祖諭旨〉，頁二十二，記鳥、魚；Bell, *Journey*, p.136 描述這並非御膳的烹調方法；《查他山（查慎行）年譜》，頁十四b至十五；楊捷將軍一節，見徐秉義，《恭迎大駕紀》，頁二，以及董文驥，《恩賜御書紀》，頁一b。《庭訓格言》，頁十四b至十五，論老子；前揭書，頁四十八，論各擇其宜。

10 **淡薄蔬菜** 前揭書，頁三十五b、三十七b。

11 **江南、江北** 前揭書，頁六十二b至六十三。

12 **王**騭 《王大司農（王騭）年譜》，頁二十八。

13 **坦白告之** 《庭訓格言》，頁九十七b至九十八。

14 **太醫院各專科** 《欽定大清會典事例》，卷一〇〇五，頁三b至六，記朝廷太醫院的制度。閻體健大夫，見《故宮文獻》，第一卷，第四期，頁一一八。《大清聖祖仁皇帝實錄》，卷二七四，頁五，記康熙賜「空青」藥方給朝鮮國王李淳治療眼疾。前揭書，卷四十一，頁十二，記賜藥給朝臣。

15 **試而服之** 《欽定大清會典事例》，卷一一〇五，頁七b至八。

16 **奎寧** Spence, *Ts'ao Yin*, p.260。

17 **大夫** 中國御醫，見高士奇，《塞北小鈔》，頁一、六b、九；西洋醫師、植物學家，及康熙三十九至四十一年間入華供職的 Frapperie，見 PRO（Gherardini MS.），SP9/239, nos. 12,13。亦可參考 Pfister, *Jesuits*, pp.555-557（Rhodes），476（Baudino），633（Viera），563（Frapperie）。

18 **藍理將軍** 陳康祺，《郎潛紀聞三筆》，卷四，頁十三b至十四b。另，高士奇，《松亭行紀》，頁二十八b，記載了康熙也撫摸了一位蒙古老將軍身上二十四處的創傷。

19 **用藥須與疾病相投**　《庭訓格言》，頁五十六，記載之「綽爾海」，相當於西洋的 sonchus asper；查昇，見汪灝，《隨鑾紀恩》，頁二八八；〈清聖祖諭旨〉，頁十一，記「止血石」；《大清聖祖仁皇帝實錄》，卷二一〇，頁二十一b，記「避風石」；〈清聖祖諭旨〉，頁十七b，記「奄格」；前揭書，頁二十b，記「通關散」、「九合香」。

20 **開藥方**　《庭訓格言》，頁九十八b至九十九，以及《大清聖祖仁皇帝實錄》，卷二三〇，頁七。

21 **不及《黃帝內經》諸篇**　《大清聖祖仁皇帝實錄》，卷一二〇，頁二十二b至二十三。《黃帝內經》諸篇的英譯，見 Veith, *Huang-ti nei-ching*。

22 **淺薄義理**　《庭訓格言》，頁九十八，記求名利；〈清聖祖諭旨〉，頁二十b，記信口胡謅；《大清聖祖仁皇帝實錄》，卷二五〇，頁十八b，記各處餬口。

23 **太監顧問行**　這段情節，見〈清聖祖諭旨〉，頁十九b至二十。五臟是指心、肺、肝、腎、胃。

24 **道士**　《庭訓格言》，頁八十五至八十六的一般性評論。謝萬誠、王家營的細節，見〈清聖祖諭旨〉，頁二十一至二十二。擲還之，見《大清聖祖仁皇帝實錄》，卷一三九，頁三十。

25 **薩滿巫師**　De Harlez, *Religion Nationale*, pp.116-117。

26 **牙齒**　《庭訓格言》，頁四十四、八十四b至八十五。

27 **平日養生**　前揭書，頁三b，記身與心；前揭書，頁六十八，記添衣；前揭書，頁七十四b至七十五，記勿近火爐；前揭書，頁七十五，帽簷；前揭書，頁三b至四，耐熱；前揭書，頁四，心靜；前揭書，頁七十，禁忌；〈清聖祖諭旨〉，頁十四b，惡臭味；《庭訓格言》，頁九，勿近污穢；前揭書，頁七十b，不宜潔淨成僻。

28 **殘疾者** 前揭書，頁六十五b至六十六。

29 **攙扶** 前揭書，頁八十九b，記忌諱；前揭書，頁六十七，論不勝其痛。《大清聖祖仁皇帝實錄》，卷二七五，頁十b，記稍微扶助；卷二七六，頁五，記纏足及軟輿；前揭書，卷二四八，頁二十二b，記大祭行禮；《庭訓格言》，頁九十，論今之少年；前揭書，頁六十七b至六十八，平靜忍痛。

30 **祖母** 《大清聖祖仁皇帝實錄》，卷一三二，頁一b，記祈禱；康熙派人勘查五臺山，前揭書，卷一〇七，頁十九；信中描繪的景緻，見〈清聖祖諭旨〉，頁一；《庭訓格言》，頁四十九b，記登高眩暈；最後的決定，見《大清聖祖仁皇帝實錄》，卷一一二，頁十五至十六，日期為康熙二十二年九月二十三、二十四日（《康熙帝御製文集》，頁二六〇，顯示這位太監是趙守寶）。《欽定大清會典事例》，卷三一一，頁十六b處出現了罕見的訛誤，文內記載是嫡母孝惠章皇后，而不是康熙的祖母孝莊文皇后陪同而行。但《大清聖祖仁皇帝實錄》，卷一一二，頁十b，及其他文獻均清楚顯示，陪同康熙的是祖母孝莊文皇后。亦可見《庭訓格言》，頁十三至十四。

31 **祖母辭世** 《大清聖祖仁皇帝實錄》，卷一三二，頁四，以及《庭訓格言》，頁八十三b至八十四b。

32 **奉養老人** 〈清聖祖諭旨〉，頁十b。Charles Dolzé, PRO（Gherardini MS.）, SP9/239, no.13, from Gerbillion to Le Gobien, Peking, 8 Octorber, 1701。康熙諭令格拉迪尼，及兩名中國官員、隨從服侍翟敬臣。康熙亦諭令白晉、衛嘉祿（Belleville）自北京來與翟敬臣作伴。（這份史料，可作為Pfister, *Jesuits*, no.230, Dolzé小傳的補充；同時，亦可補充Pfister, *Jesuits*, no.237, Brother Charles de Belleville的傳記。）淑慧公主，見《大清聖祖仁皇帝實錄》，卷一九七，頁四b。

33 **禮物** 賜禮淑慧公主，見《康熙帝御製文集》，頁一三五；取悅，見《庭訓格言》，頁一〇〇b；Spence, *Ts'ao Yin*, p.147，記孝惠章皇后；《康熙帝御製文集》，頁二六四，以及《大清聖祖仁皇帝實錄》，卷二〇一，頁十八b，記祖母太皇太后；Flettinger MS., fol.2319v，記胤礽；du Halde, *General History*, IV. p.224中張誠的信，記索額圖的禮物，但日後康熙說要索回！《張清恪公（張伯行）年譜》，卷一，頁二十九；高士奇，《蓬山密記》，頁四b；〈清聖祖諭旨〉，頁十二b，記李光地。康熙在《庭訓格言》，頁三十五b、三十六b、三十七、四十五，反覆重申孝道乃出於天倫至性與自省的道理。

34 **真靜** 《南畇老人（彭定求）自訂年譜》，頁十八；《庭訓格言》，頁二十b；〈清聖祖諭旨〉，頁十四b。

35 **術士王楨** 《故宮文獻》，第一卷，第三期，頁一八〇，其中有康熙的硃批。儒家的階段說，見《庭訓格言》，頁十一b至十二b。《黃帝內經》之說，見Veith, *Huang-ti nei-ching*, pp.99-100。《大清聖祖仁皇帝實錄》，卷一二〇，頁二十二b至二十三，記康熙通覽此書。

36 **家人之喪** 前揭書，卷二九〇，頁十二b至十三（康熙自述，他因未染天花，故與其乳母被遷出紫禁城避痘，所以他說未得一日於皇父膝下承歡。）順治大喪之典，見《欽定大清會典事例》，卷四五六，頁十二至十四。滿人的喪禮，見de Harlez, *Religion Nationale*, p.48。唐邦治編，《清皇室四譜》，頁四十八，記康熙母后。家人葬禮，見《欽定大清會典事例》，卷四五六，頁二十七b至三十二；《大清聖祖仁皇帝實錄》，卷九，頁十四b，有概略記述；火葬，見*Eminent Chinese of the Ch'ing Period*, *pp.258, 302*。

37 **皇陵** 不令親送，見《大清聖祖仁皇帝實錄》，卷九，頁五、十四b；皇陵區位，見De Groot,

The Religious System of China, III(book1), p.1290；其餘嬪妃的陵墓，見《欽定大清會典事例》，卷四三二，頁十六b；皇陵區位的看定者，可見《大清聖祖仁皇帝實錄》，卷十四，頁二十八。其中這份諭旨，記載了欽天監官員的名字，英譯見 Fu Lo-shu, *Documentary Chronicle*, I, pp.37-38。皇陵地勢，見 De Groot, *The Religious System of China*, III(book1), pp.1284-1285。陵墓的細節與維護，見《欽定大清會典事例》，卷九四三，頁二至十二，及卷九四五，頁六。

38 **年歲本身** 《易齋馮公（馮溥）年譜》，頁十七b；《大清聖祖仁皇帝實錄》，卷二四一，頁十三b，及卷二四六，頁十四b。

39 **老顧問** 論大學士，前揭書，卷一六一，頁十b至十一；《黃梨洲先生（黃宗羲）年譜》，卷二，頁十二（黃宗羲乃一代宗師，忠於前明，不願仕清；黃宗羲的傳記，見 *Eminent Chinese of the Ch'ing Period*, pp.351-354）；論施琅，見《大清聖祖仁皇帝實錄》，卷一三六，頁十一b；《易齋馮公（馮溥）年譜》，頁十五b至十六、十九、二十b。

40 **老與病** 論勿令疾行，見《大清聖祖仁皇帝實錄》，卷一三六，頁十一b至十二；能步履者，見卷一二三，頁十四；進糜粥，見卷一六一，頁一b；不容輕言參劾，見卷二一八，頁五；不必一體適用，見卷二〇三，頁二十六b（《大清聖祖仁皇帝實錄》，卷二〇三，頁十六處，康熙云：「張鵬翮自到河工，在署之日甚少。每日乘馬，巡視堤岸，不憚勞苦。」）《故宮文獻》，第一卷，第四期，頁九十七，記氣候的變化。

41 **無能官員** 《大清聖祖仁皇帝實錄》，卷一二七，頁十四、卷一三一，頁二十二b，以及卷一三七，頁六b；論靳輔，前揭書，卷一五七，頁十三；論李鈉，前揭書，卷一九九，頁五；怠惰，前揭書，卷二二七，頁二；告休、革職，前揭書，卷二二三，頁十五，以及卷一九九，頁六。

42 **泰、否兩卦**　前揭書，卷二七一，頁二十四b至二十五，其內容已可預見第六部「諭」中之措辭。*I Ching* (Wilhelm), pp.49, 447。這兩卦在《大清聖祖仁皇帝實錄》，卷二七五，頁十b處的諭旨已經論及了。

43 **渡江**　《大清聖祖仁皇帝實錄》，卷二二七，頁三b至四；《康熙帝御製文集》，頁一五一六。

44 **忍耐**　耐暑，《庭訓格言》，頁四十三b；目力，《大清聖祖仁皇帝實錄》，卷一四〇，頁二十三b；灸艾，《庭訓格言》，頁九十九b，及《大清聖祖仁皇帝實錄》，卷一六九，頁十五；頭眩，見《大清聖祖仁皇帝實錄》，卷二三二，頁二；形容憔悴，前揭書，卷二三六，頁十六，及卷二七三，頁五；論策妄阿喇布坦，前揭書，卷二七三，頁五b；咳嗽聲啞，前揭書，卷二七五，頁一b至二。

45 **記憶**　論阿蘭泰、伊桑阿，前揭書，卷一九一，頁十b；論今時大學士每況愈下，前揭書，卷二三一，頁六b；強記，見《聖祖西巡日錄》，頁二十三b；額德勒呼一案，見《大清聖祖仁皇帝實錄》，卷二七三，頁十五；迷暈，前揭書，卷二七四，頁二十五b；看過之書不能俱記，前揭書，卷二五〇，頁十六b；僅記片段內容，前揭書，卷二一七，頁一b至二；諭馬齋之語，前揭書，卷二七三，頁十五。

46 **早學**　《庭訓格言》，頁一一三b至一一四。

第五章

1 **詩** 《康熙帝御製文集》，頁五四六至五四七。皇太子胤礽時年十歲。

2 **宗譜** 所有出生年月日、年歲、頭銜均援引自全面性之黃世宗譜之作《清皇室四譜》，該書由唐邦治所編。嬪妃的家族背景資料，見《清列朝后妃傳稿》。榮妃活到雍正五年。皇四子胤禛踐阼，成為雍正皇帝後，他的母親被冊封為仁壽皇太后。貴妃佟佳氏直到康熙二十八年身染重症，生命垂危之際才被冊封為皇后；亦可參見《大清聖祖仁皇帝實錄》，卷一四一，頁十六b。前揭書，卷二七七，頁十七b，記載康熙得一么兒，但未提及生母是誰。

3 **康熙之語** 孩童戲耍，見《庭訓格言》，頁五十九；惡言，前揭書，頁二十九；怒氣，前揭書，頁二十九b；慾望，前揭書，頁二十二；前揭書，頁九十六，引孔子之言論戒色、戒鬥；宮女，前揭書，頁八十九b；氈毯，前揭書，頁六十五；衣裳，前揭書，頁十四b；康熙的外衣，前揭書，頁四十八；生日，前揭書，頁一。

4 **耆舊教射者** 前揭書，頁九b，此處康熙或許是指侍衛阿舒默爾根（見第一章「遊」）。這段文字亦呼應了《中庸》（*Doctrine of the Mean*），右第十四章第五節。見Legge, Chinese Classics, pp.396。

5 **我朝舊典斷不可失** 《庭訓格言》，頁一〇四至一〇五，儘管康熙在康熙二十二年說：「元旦賜宴，應改滿席為漢席。」（見《大清聖祖仁皇帝實錄》，卷一一三，頁二十一b）。無垠天地，見《庭訓格言》，頁五十七。

6 **為學** 參見前揭書，頁一一四、一〇一b，引述《中庸》之說。

7 **學習** 前揭書，頁一〇九b、一一三。這段話呼應了《中庸》（*Doctrine of the Mean*），又第二十章第九節。見Legge, *Chinese Classics*, p.407。

8 **溺恤** 《庭訓格言》，頁二十三、七十一。

9 **令人視養** 《大清聖祖仁皇帝實錄》，卷二三五，頁二十四b至二十五，以及卷二五〇，頁二十六b。

10 **扶養胤礽** 康熙親養，前揭書，卷五十八，頁十九b；天花，見《康熙帝御製文集》，頁一五〇；煦嫗愛惜胤礽，見《大清聖祖仁皇帝實錄》，卷二三四，頁十三；侍講翰林，前揭書，卷二三四，頁十一；*Eminent Chinese of the Ch'ing Period*, pp.710，亦提及胤礽的師傅湯斌；《翁鐵庵（翁叔元）自訂年譜》，頁三十三b至三十四；韓菼，《有懷堂文稿》，卷二十二，頁二十三，記觀畫；調教治國方略，見《大清聖祖仁皇帝實錄》，卷二三四，頁八b；代理親政，見*Eminent Chinese of the Ch'ing Period*, pp.924。

11 **乖僻行為** 胤礽的膳房，《大清聖祖仁皇帝實錄》，卷一八五，頁九；三阿哥胤祉，前揭書，卷一九五，頁二b；大阿哥胤禔，前揭書，卷一四八，頁六b至七；四阿哥胤禛，前揭書，卷二三五，頁二十四b至二十五。

12 **恣行乖戾** 前揭書，卷二三四，頁三。皇太子的抗爭，見Wu, *Communication and Imperial Control* 全書，特別是pp.52-65。吳秀良教授目前已完成了皇位繼承的長篇研究。

13 **索額圖** 《大清聖祖仁皇帝實錄》，卷二一〇，頁三；卷二一二，頁十三b至十四；卷二一二，頁十六至十七。處決索額圖的確切日期不可考，但在前揭書，卷二三四，頁十九b，康熙云：他「置索額圖於死。」

14 **疑慮**　前揭書，卷二三四，頁二至四；康熙指出胤礽生而剋母的事實。

15 **王鴻緒的密查**　康熙的諭旨，《故宮文獻》，第一卷，第一期，頁七十八；王鴻緒的稟奏，前揭書，第一卷，第一期，頁九十六至一〇〇。康熙四十六年的隨侍，前揭書，第一卷，第一期，頁九十九，以及《大清聖祖仁皇帝實錄》，卷二二九，頁十二。隨行巡遊的皇子有胤礽、皇長子、皇十三子、皇十五子、皇十六子（前揭書，卷二二八，頁四b）。

16 **查案**　前揭書，卷二三三，頁二十六b。

17 **康熙四十七年諭旨**　前揭書，卷二三三，頁二十七。清代侍衛的角色常被忽略，而佐伯富的近作〈清代の侍衛について：君主獨裁权研究の一齣〉是其中鳳毛麟角。

18 **廢黜太子的諭旨**　《大清聖祖仁皇帝實錄》，卷二三四，頁二至三。索額圖的六個兒子，前揭書，卷二三四，頁五；翌日被處死，前揭書，卷二三四，頁六。

19 **守身至潔**　前揭書，卷二三四，頁七。

20 **赦免**　前揭書，卷二三四，頁六b。

21 **著魔**　康熙在前揭書，卷二三四，頁九b至十，以及卷二三四，頁十一b的兩則諭旨提到「鬼物」、「邪魅」、「狂疾」等徵兆。

22 **證據**　鎮魘物，前揭書，卷二三五，頁十二；魘魅，前揭書，卷二三五，頁十七；夢見太皇太后，前揭書，卷二三五，頁二十一b。

23 **啓人疑竇**　前揭書，卷二三五，頁十七，以及卷二三五，頁二十二。

24 **胤禔**　前揭書，卷二三四，頁四b至五，卷二三四，頁二十b，以及卷二三四，頁二十二b。

25 **相面人**　前揭書，卷二三四，頁二十四b，以及卷二三五，頁五b。

26 **欲殺**　前揭書，卷二三四，頁二十四。此處生動記載康熙拔配刀欲誅皇九子、皇十四子，但皇五子胤祺跪抱勸止的插曲。

27 **其餘牽連者**　前揭書，卷二三五，頁八b，以及卷二三五，頁九。康熙在康熙五十三年幾乎用類似的措辭斥責胤禩，前揭書，卷二六一，頁九b。

28 **復立廢太子之議**　前揭書，卷二三五，頁十七至二十三。胤禩之母出身「包衣」。康熙信任太監梁九功的證據，見〈清聖祖諭旨〉，頁二十一；有關太監李玉，見《故宮文獻》，第一卷，第一期，頁九十六，及 Rosso, *Apostolic Legations*, p.235。

29 **班第與胤禩**　《大清聖祖仁皇帝實錄》，卷二三五，頁二十七至二十八b。

30 **康熙四十八年正月之議**　延宕鎮日的論辯，前揭書，卷二三六，頁四b至七；馬齊之怒，前揭書，卷二三六，頁九b；椿泰的調查，前揭書，卷二三六，頁十b；馬齊的辯詞，前揭書，卷二三六，頁十一；胤礽復立，前揭書，卷二三六，頁十三；歡愉之旅，前揭書，卷二三六，頁十九b、二十b；正式復立，前揭書，卷二三七，頁四。

31 **康熙五十年十月之議**　這段對話皆援引自前揭書，卷二四八，頁十五至十八b。鎖拏、懲處朋黨，前揭書，卷二四八，頁十八b、卷二四九，頁五b、卷二五〇，頁五b，以及卷二五〇，頁十b。

32 **罷黜胤礽**　前揭書，卷二五〇，頁六b，及卷二五一，頁七b、九b。亦可見〈清聖祖諭旨〉，頁十，康熙四論胤礽的行為。

33 **愛子** 《大清聖祖仁皇帝實錄》，卷二四八，頁十八。

34 **解釋罷黜之因** 前揭書，卷二五一，頁十b至十二；頒行全國的正式諭旨，解釋罷黜胤礽的原委，前揭書，卷二五二，頁十四。

35 **胤禩** 前揭書，卷二六一，頁八b至九b。另外，前揭書，卷二六九，頁二十至二十一，記載了一段詭譎的插曲：胤禩臥病在暢春園路旁園內，恐有不測。康熙著諸皇子奏議，是否應移胤禩回家，以避康熙經過之御路。諸皇子奏云（其中惟九皇子胤禟憤而反對），胤禩見駐之處，乃康熙必經之御路，理應移回家。康熙之議論胤禩，亦可參見前揭書，卷二六九，頁二十；卷二七〇，頁三；卷二七一，頁八b。

36 **康熙之語** 尋歡喜，《庭訓格言》，頁二十一b至二十二；用膳之後，前揭書，頁七十五b；前揭書，頁四十b至四十一，引孟子之語，論觀眸子；不可回顧斜視，前揭書，頁四十一；窮理，前揭書，頁一一五；論「敬」，前揭書，頁二。

37 **下人** 前揭書，頁二b、二十三b至二十四、三十二b。

38 **復立太子的奏議** 趙申喬的奏議，見《大清聖祖仁皇帝實錄》，卷二三五，頁八；王掞，見《文獻叢編》，頁一〇六至一〇七，及《大清聖祖仁皇帝實錄》，卷二七五，頁二十，以及 *Eminent Chinese of the Ch'ing Period*, p.830；翰林院學士朱天保的奏摺，可以從康熙在《大清聖祖仁皇帝實錄》，卷二七七，頁六、六b、十、十b的引述，拼湊出梗概。

39 **指控朋黨** 前揭書，卷二六六，頁五。

40 **新錯** 前揭書，卷二七七，頁六b、十。

41 **懲處朱氏父子** 前揭書，卷二七七，頁十一、三十b。餘黨的議處，見卷二七七，頁八至三十一。

42 **春至** 《庭訓格言》，頁一一五b。

43 **孩童戲耍** 前揭書，頁五十九。

第六章

1 **這則諭旨** 見《大清聖祖仁皇帝實錄》，卷二七五，頁五至十三。

2 **太祖、太宗** 係康熙的先祖努爾哈赤、皇太極。

3 **五福** 以上英譯，見Legge, *Chinese Classics*, p.343。

4 **遯卦** 《易經》第三十三卦。

5 **泰卦、否卦** 《易經》第十一、十二卦。

6 **所列舉皇帝** 皆死於非命。這些事蹟常見諸於傳統正史。

譯後記

史景遷的作品向來獨步西方中國歷史研究學界，且能贏得非史學界讀者的青睞，近來甚至在海峽彼岸引燃一片「史景遷熱」的閱讀風潮，這全有賴史景遷的生花妙筆，奇絕的佈局結構，以蒙太奇般的敘事手法，拼貼出真實與虛幻交錯的歷史情境。《康熙》正是史景遷個人建立獨特寫作風格的濫觴之作。

在這本書裡，史景遷打破習以為常的線性時間意識，而悠游於故紙堆之間，嘗試透過康熙本人之口，述說康熙內心世界的種種歡愉、悚懼、猜疑、懊悔、無奈，乃至於追憶、夢境，俾以深入揣摩康熙的人格特質、心智意念。

史景遷的斐然文采固然令人嘆為觀止，但讀者不免質疑，這究竟是歷史論著，還是文學小說？史景遷筆下的康熙，究竟是中國歷史上的那位偉大君王，抑或只是歷史學家操縱下的傀儡？誠如同行學者康無為（Harold Kahn）對史景遷的評述：

「史景遷在為康熙皇帝寫自傳時，取材於私人資料，以及經過徹頭徹尾改寫的官方紀錄。他所要呈現的是一個沒有經過『排演』的君上，不過他的材料卻是經過不斷的『排演』，這中間難道不存在著無法解決的矛盾嗎？」

正如「序言」中所論及，並非所有記憶都會受到同等的對待，記憶與遺忘其實是同一過程的不同側面。這或許是歷史書寫的必然宿命。然近來人文科學的「文化轉向」（cultural turn）趨勢，也讓人領會知識的實踐性，而必須揚棄柏拉圖的「洞穴隱喻」，因為透過記憶來尋找真實知識的企圖必然落空。記憶雖然是來自過往的知識，但記憶不必然僅止是有關過去的知識。歷史因當下而獲得生命力。正因處於眾聲喧嘩的年代，康熙的歷史定位才能生生不息，而《康熙》這本書才得以歷久彌新。

為了突顯史景遷別出機杼的創作旨趣，讓康熙口述自己的傳記，譯者不得不謹守原典史料，參酌朝廷奏摺、各家年譜，甚至模擬帝王的習慣用語，採用文言文的形式來翻譯本書。然史景遷信手拈來，中、外史籍如數家珍，資料細瑣，還原為帶有帝王語氣的中文誠屬艱難。囿於個人史識、能力有限，訛誤在所難免，期請讀者不吝指教。

XXXII (1972), 230-9.

(YC) Ch'ing Sheng-tsu yü-chih 清聖祖諭旨 (Edicts of K'ang-hsi), in *Chang-ku ts'ung-pien* 掌故叢編 . Taipei: Kuo-feng ch'u-pan she reprint, 1964. Pp. 35-45. This reprint gives the original Chinese pa gination of each document reproduced; to make it easier to find sp ecific passages, I cite passages according to this original paginati on.

YÜAN LIANG-I 袁良義 . "*Lun K'ang-hsi ti li-shih ti-wei*" 論康熙的歷史地位 (A Discussion of K'ang-hsi's Position in History), in *Pei-ching-shih li-shih hsüeh-hui* 北京市歷史學會 . Peking Histor ical Society, I and II (1961 and 1962), 232-57.

ng the Ch'ing Period." *Journal of Asian Studies*, IV (August 1971), 829-42.

WEI HSIANG-SHU 魏象樞 . *Wei Min-kuo kung nien-p'u* 魏敏果公年譜 (Chronological Biography of Wei Hsiang-shu), in *Han-sung chi* 寒松集 , 1810 edn.

WENG SHU-YÜAN 翁叔元 . *Weng T'ieh-an tzu-ting nien-p'u* 翁鐵庵自訂年譜 (Chronological Biography of Weng Shu-yüan). K'ang-hsi edn.

Wen-hsien ts'ung-pien 文獻叢編 (Collected Historical Documents). 2vols. Taipei: Kuo-feng ch'u-pan-she reprint, 1964.

WERNER, E. T. C. A *Dictionary of Chinese Mythology*. Shanghai, 1932; New York: The Julian Press reprint, 1961.

WILLS, JOHN E., JR. "Ch'ing Relations with the Dutch, 1662-1690." Ph.D., Harvard University, 1967.

WONG, K. CHIMIN, and WU LIEN-TEH. *History of Chinese Medi cine*. Tientsin: The Tientsin Press, 1932.

WU, SILAS H. L. *Communication and Imperial Control in China: Evolution of the Palace Memorial System*, 1693-1735. Cambridge: Harvard University Press, 1970.

WU, SILAS H. L. "Emperors at Work: The Daily Schedules of the K'ang-hsi and Yung-cheng Emperors, 1661-1735." *Tsing Hua Jou rnal of Chinese Studies*, new ser., vol. VIII, nos. 1 and 2 (August 1970), pp. 210-27.

WU, SILAS H. L. "The Memorial Systems of the Ch'ing Dynasty (1644-1911)." *Harvard Journal of Asiatic Studies*, XXVII (1967), 7-75.

WU, SILAS H. L. "A Note on the Proper Use of Documents for His torical Studies: A Rejoinder." *Harvard Journal of Asiatic Studies,*

Chao-tai ts'ung-shu 昭代叢書 , 2nd ser., *chuan* 17.

T'IEN WEN 田雯 . *Meng-chai tzu-ting nien-p'u* 蒙齋自訂年譜 (Chronological Biography of T'ien Wen), in *Ku-huan-t'ang chi* 古歡堂集 , n.d.

TSAO KAI-FU. "The Rebellion of the Three Feudatories Against the Manchu Throne in China, 1673-1681: Its Setting and Significance. "History Ph.D., Columbia University, 1965.

Tung Wen-chi 董文驥 . *En-tz'u yü-shu chi* 恩賜御書紀 (In Memory of the Emperor's Gift), in *Chao-tai ts'ung-shu* 昭代叢書 , 2nd ser., chuan 15.

VEITH, ILZA, *Huang ti nei ching su wen* 皇帝內經素問 (The Yellow Emperor's Classic of Internal Medicine). Berkeley and Los Angeles: University of California Press, 1966.

WALLNÖFER, HEINRICH, and ANNA VON ROTTAUSCHER. *Chinese Folk Medicine*, transl. by Marion Palmedo. New York: Crown Publishers, 1965.

WANG CHIH 王隲 . *Wang Ta-ssu-nung nien-p'u* 王大司農年譜 (Chronological Biography of Wang Chih), in *I-p'u chuan chia-chi* 義圃傳家集 , K'ang-hsi edn.

WANG HAO 汪灝 . *Sui-luan chi-en* 隨鑾紀恩 (Memoir on Favors Conferred in the Imperial Retinue), in *Hsiao-fang-hu chai yü-ti ts'ung-ch'ao* 小方壺齋輿地叢鈔 , 1st ser., ts'e 4, pp. 286-99.

WANG HSIAO-CH'UAN 王曉傳 . *Yüan Ming Ch'ing san-tai chin-hui Hsiao-shuo hsi-ch'ü shih-liao* 元明清三代禁燬小說戲曲史料 (Historical Materials on the Banning of Fiction and Drama During the Yuan, Ming, and Ch'ing Dynasties). Peking: Tso-chia ch'u-pan she, 1958.

WANG YEH-CHIEN. "The Fiscal Importance of the Land Tax Duri

1964.

Sheng-tsu wu-hsing Chiang-nan chüan-lu 聖祖五幸江南全錄 (A Complete Record of K'ang-hsi's Fifth Southern Tour [in 1705]), Anon., in *Chen-ch'i t'ang ts'ung-shu* 振綺堂叢書 , 1st ser.

(SL)Ta-Ch'ing Sheng-tsu Jen Huang-ti shih-lu 大清聖祖仁皇帝實錄 (The Veritable Records of the K'ang-hsi Reign). 6 vols. Taipei: Hua-wen shu-chü reprint, 1964.

SPENCE, JONATHAN. *Ts'ao Yin and the K'ang-hsi Emperor*, Bondservant and Master. New Haven and London: Yale University Press, 1966.

SPENCE, JONATHAN. *To Change China: Western Advisers in China, 1620 to 1960*. Boston: Little, Brown, 1969.

SUN E-TU ZEN. "Mining Labor in the Ch'ing Period. "*Approaches to Modern Chinese History*, ed. by Albert Feuerwerker, Rhoads Murphey, and Mary Wright. Berkeley and Los Angeles: University of California Press, 1967. Pp. 45-67.

Ta Tsing Leu Lee; Being the Fundamental Laws, and a Selection from the Supplementary Statutes, of the Penal Code of China ..., transl. by Sir George Thomas Staunton. Taipei: Ch'eng-wen reprint, 1966.

TAGAWA DAIKICHIRŌ 田川大吉郎 . *Seiso Koki tei* 聖祖康熙帝 (Sheng-tsu, the K'ang-hsi Emperor). Tokyo: Kyobunkan, 1944.

TAI MING-SHIH 戴名世 . *Nan-shan chi* 南山集 (Collection of Prose Writings). 2 vols. Taipei: Hua-wen shu-chü reprint, 1970.

(THKY)T'ing-hsün ko-yen 庭訓格言 (K'ang-hsi's Conversations with His Sons). N.d. Preface by Yung-cheng, 1730.

TI I 狄億 . *Ch'ang-ch'un yüan yü-shih kung-chi* 暢春苑御試恭紀 (On Taking a Special Examination in the Ch'ang-ch'un Palace), in

ROSSO, ANTONIO SISTO, O.F.M. *Apostolic Legations to China of the Eighteenth Century*. South Pasadena, Cal.:P.D. and Ione Perkins, 1948.

ROULEAU, FRANCIS A., S.J. "Maillard de Tournon, Papal Legate at the Court of Peking: The First Imperial Audience (31 December, 1705)." *Archivum Historicum Societatis lesu*, LXII (1962), 264-323.

SAEKI TOMI 佐伯富 . *Shindai no jiei ni tsuite: Kunshu dokusaiken kenkyu no ichi shaku* 清代の侍衛について：君主獨裁權研究の一齣 (On the Ch'ing Guards Officers: An Aspect of the Study of Despotic Power), in *Tōyōshi kenkyu* 東洋史研究 , 27:2 (1968), 38-58.

SCHAFER, EDWARD H. "Falconry in T'ang Times." *T'Oung Pao,* 2nd ser., XLVI (1959), 293-338.

SHANG YEN-LIU 商衍鎏 . *Ch'ing-tai k'O-chük'ao-shih shu-lu* 清代科舉考試述錄 (A Study of the Ch'ing Examination System). Peking, 1958.

Sheng-tsu ch'in-cheng shuo-mo jih-lu 聖祖親征朔漠日錄 (Daily Record of K'ang-hsi's Personal Campaign in the Northern Deserts), transcr. by Lo Chen-yü 羅振玉 , in *Shih-liao ts'ung-pien* 史料叢編 . Mukden, 1933.

Shen-tsu hsi-hsün jih-lu 聖祖西巡日錄 (Daily Record of K'ang-hsi's Western Tour), transcr. by Lo Chen-yu 羅振玉 , in *Shih-liao ts'ung-pien* 史料叢編 . Mukden, 1933.

Sheng-tsu Jen Huang-ti Ch'i-chüchu 聖祖仁皇帝起居注 (The Official Diary of K'ang-hsi's Activities, 12th Year of His Reign, months 1, 5-6, 10-12), in *Shih-liao ts'ung k'an* 史料叢刊 , pp. 335-578. Taipei: Wen-hai ch'u-pan-she reprint, with continuous pagination,

Keng-yao), in *Chang-ku ts'ung-pien* 掌故叢編 . pp. 186-225. Taipei: Kuo-feng ch'u-pan she reprint, 1964.

NISHIMOTO HAKUSEN 西本白川 . *Koki taitei* 康熙大帝 (K'ang-hsi the Great). Tokyo: Daitō Shupansha, 1925.

NIU HSIU 鈕琇 . *Ku-shen hsü-pien* 觚賸續編 (Collected Historical Materials), in *Pi-chi Hsiao-shuo ta kuan hsü-pien* 筆記小說大觀續編 . Taipei, 1962 reprint. Vol. 25, p. 6437.

NORMAN, JERRY. *A Manchu-English Dictionary*. Draft publication. Taipei, 1967.

ŌNO KATSUTOSHI 小野勝年 . *Koki Roku Jun Banju Seiten nit tsuite* 康熙六旬萬壽盛典について (On the Imperial Collection on K'ang-hsi's Sixtieth Birthday), in *Tamura Hakushi Shōju Tōyō shi ronsō* 田村博士頌壽東洋史論叢 (Collected Essays on Asian History in Honor of Professor Tamura). Kyoto, 1968.

D'ORLÉANS, PIERRE JOSEPH. *History of the Two Tartar Conquerors of China*, transl. by the Earl of Ellesmere. Hakluyt Society, 1st ser. XVII(1854). New York: Burt Franklin reprint, n.d.

OXNAM, ROBERT B. "Policies and Institutions of the Oboi Regency, 1661-1669." *Journal of Asian Studies*, XXXII(1973), 265-86.

Pa-ch'I t'ung-chih (ch'u-chi) 八旗通志(初集)(The History of the Eight Banners; edn. of 1739). 40 vols. Taipei: Hsüeh-sheng shu-chüreprint, 1968.

P'ENG TING-CH'IU 彭定求 . *Nan-yün lao-jen tzu-ting nien-p'u* 南畇老人自訂年譜 (Autobiography of P'eng Ting-ch'iu), in *Nan-yun wenkao* 南畇文稿 , 1880 edn.

PFISTER, LOUIS, S.J. *Notices biographiques et bibliographiques sur les Jésuites de l'ancienne mission de Chine*. 2 vols. Shanghai, 1932 and 1934, Variētēs Sinologiques, nos. 59 and 60.

(Chronological Biography of Li Kung-ti), in *Jung-ts'un chüan-shu* 榕村全書 , 1829 edn.

LIU TA-NIEN 劉大年 . *Lun K'ang-hsi* 論康熙 *Emperor K'ang-hsi, the Great Feudal Ruler Who United China and Defended Her Ag ainst European Penetration*, in *Li-shih yen-chiu* 歷史研究 , III (1961), 5-21.

LU LUNG-CHI 陸隴其 . *Lu Shih-yünien-p'u* 陸待御年譜 (Chronolo gical Biography of Lu Lung-chi). Ch'ien-Jung edn.

MALONE, CARROLL BROWN. *History of the Peking Summer Pal aces Under the Ch'ing Dynasty*.New York: Paragon Book reprint, 1966.

MANCALL, MARK. *Russian and China: Their Diplomatic Relatio ns to 1728*. Cambridge: Harvard University Press, 1971.

MANO SENRYU 間野潛龍 . *Koki-tei* 康熙帝 (Emperor K'ang-hsi). Tokyo, 1967.

MAO CH'I-LING 毛奇齡 . *Mo Hsi-ho hsien-sheng chuan* 毛西河先生傳 (Chronological Biography of Mao Ch'i-ling), in *Hsi-ho ho-chi* 西河合集 , 1720 edn.

MAO, LUCIEN. "Tai Ming-shih." *T'ien Hsia Monthly*, V, 382-99.

MEI WEN-TING 梅文鼎 . *Li-hsüeh i-wen* 曆學疑問 (Problems in Astronomy), in *Mei-shih ts'ung-shu chi-yao* 梅氏叢書輯要 . 8 vo ls. Taipei: I-wen yin-shu kuan reprint, 1971. Chuan 46-8.

NAGAYA YOSHIRŌ 長與善郎 . *Taitei Koki* 大帝康熙 (K'ang-hsi the Great), in *Shina tōchi no yōdō* 支那統治の要道 . Tokyo: Iwan ami Shoten, 1938.

NEEDHAM, JOSEPH. *Science and Civilization in China*. Cambrid ge: Cambridge University Press, 1954-

Nien Keng-yao che 年羹堯摺 (The Palace Memorials of Nien

KESSLER, LAWRENCE D. "The Apprenticeship of the K'ang-hsi Emperor, 1661-1684." History Ph. D., University of Chicago, 1969. A part of this study appears in the same author's "Chinese Scholars and the Early Manchu State,"*Harvard Journal of Asiatic Studies*, XXXI (1971), 179-200.

(KHTYC)K'ang-hsi ti yü-chin wen-chi 康熙帝御製文集 (The Litera ry Works of the K'ang-hsi Emperor). 4 vols., with continuous pagi nation. Taiwan: Hsüeh-sheng shu-ch?reprint, 1966.

(KKWH)Ku-kung wen-hsien 故宮文獻 (Ch'ing Documents at the Na tional Palace Museum). National Palace Museum, Taiwan; the seq uence from vol. 1, no. 1, December 1969. Vol. 3, no. 1, December 1971, contains photo-offset reproductions of the palace memorials in the K'ang-hsi reign.

KU SSU-LI 顧嗣立 . *Ku Lü-yu tzu-ting nien-p'u* 顧閭邱自訂年譜 (Chronological Biography of Ku Ssu-li), in *Ping-tzu ts'ung-pien* 丙子叢編 , 1936 end.

K'UNG SHANG-JEN 孔尚任 . *Ch'u-shan i-shu chi* 出山異數記 (Me moir Concerning K'ang-hsi's 1684 Tour to Confucius' Former Ho me), in *Chao-tai ts'ung-shu* 昭代叢書 , 2nd ser., chuan 18.

Kuo-ch'ao ch'i-hsien lei-cheng ch'u-pien 國朝耆獻類徵初編 (Biog raphies of Eminent Men in the Ch'ing Dynasty). 25 vols. Taipei: Wen-hai ch'u-pan she reprint, 1966.

KUO HSIU 郭琇 . *Hua-yeh kuo-kung nien-p'u* 華野郭公年譜 (Chro nological Biography of Kuo Hsiu), in *Kuo Hua-yeh shu-kao* 郭華野疏稿 , 1895 edn.

Letters édifiantes et curieuses, écrites des missions étrangéres. Nouv elle édition. Paris, 1781.

LI KUANG-TI 李光地 . *Li Wen-chen kung nien-p'u* 李文貞公年譜

KANDA NOBUŌ 神田信夫 . "Heiseiō Go Sankei no kenkyū " 平西王吳三桂 AKU" 梅研究 (A Study on Wu San-kuei, P'ing Hsi Wang), in *Meiji Daigaku Bungakubu Kenkyu hokoku: Toyoshi* 明治大學文學部研究報告東洋史 .Tokyo: Meiji University, 1952.

K'ang-hsi yü Lo-ma shih-chieh kuan-hsi wen-shu ying-yin pen 康熙與羅馬使節關係文書影印本 (Facsimile of the Documents Relating to K'ang-hsi and the Legates from Rome), ed. by Ch'en Yuan 陳垣 .Peiping: Ku-kung po-wu yüan, 1932. (Transcriptions of these documents are also in *Wen-hsien ts'ung-pien*[Taipei: Kuo-feng ch'u-pan-she reprint, 1964], pp. 168-75.

KAO SHIH-GH'I 高士奇 . *Hu-ts'ung tung-hsün jih-lu* 扈從東巡日錄 (Daly Record of Traveling in the Retinue on the Western Tour [of 1683]), in *Hsiao-fang-hu chai yü-ti ts'ung-ch'ao* 小方壺齋輿地叢鈔 , 1st ser., ts'e 4, pp. 265-68.

KAO SHIH-CH'I 高士奇 . *Hu-ts'ung hsi-hsüa jih-lu* 扈從西巡日錄 (Daly Record of Traveling in the Retinue on the Eestern Tour [of 1682]), in *Hsiao-fang-hu chai yüti ts'ung-ch'ao* 小方壺齋輿地叢鈔 , 1st ser., ts'e 4, pp. 253-62 and supplement pp. 263-4.

KAO SHIH-CH'I 高士奇 . *P'eng-shan mi-chi* 篷山密記 (An Account of Meetings with K'ang-hsi in 1703), in *Ku-hsüeh hui-k'an* 古學彙刊 , ed. by Teng Shih 鄧實 . 1st ser., no. 12. Shanghai: Kuo-sui hsüeh-pao she , 1912.

KAO SHIH-CH'I 高士奇 . *Sai-pei hsiao-ch'ao* 塞北小鈔 (Brief Record of the Northern Tour [of 1683]), in *Chao-tai ts'ung-shu* 昭代叢書 , Tao-kuang edn., 3rd ser, chuan 12, pp. 1-19.

KAO SHIH-CH'I 高士奇 . *Sung-t'ing hsing-chi* 松亭行紀 (A Record of Tour [of 1681]), in Chao-tai ts'ung-shu 昭代叢書 , Tao-kuang edn., 3rd ser, *chuan* 10, pp. 1-33.

HARLEZ, CHARLES DE. "*La Religion nationale des Tartares orientaux: Mandchous et Mongols, comparéàla religion des anciens chinois...*"in *Mémoires Couronnés et Autres Mémoires*, XL (1887). Brussels: Royal Academy of Sciences, Letters and Fine Arts.

HASHIMOTO KEIZO 橋本敬造 . "*Baibuntei no rekisangaku-Koki nenkan no tenmon rekisangaku* 梅文鼎の曆算學－康熙年間の天文曆算學 (Mei Wen-ting, an Astronomer in the K'ang-hsi Period), in *Tōhō Gakuhō* 東方學報 ,XLI (March 1970), 491-518.

HIBBERT, ELOISE TALCOTT. *K'ang Hsi, Emperor of China*. London: Paul, Trench, Trubner & Co., 1940.

HO PING-TI. *The Ladder of Success in Imperial China: Aspects of Social Mobility, 1368-1911*. New York: Columbia University Press, 1962.

HO PING-TI. *Studies on the Population of China, 1368-1953*. Cambridge: Harvard University Press, 1959.

HSÜPING-I 徐秉義 . *Kung-yin ta-chia chi* 恭迎大駕紀 (Greeting the Emperor's Retinue), in *Chao-tai ts'ung-shu* 昭代叢書 , 2nd ser., chuan 16.

HUANG TSUNG-HSI 黃宗羲 . *Huang Li-chou hsien-sheng nien-p'u* 黃梨洲先生年譜 (Chronological Biography of Huang Tsung-hsi), in *Huang Li-chou i-shu* 黃梨洲遺書 , 1873 edn.

(Ch'in-ting Ta-Ch'ing) Hui-tien shih-li(欽定大清)會典事例 (Imperial Ch'ing Statutes and Precedents; 1899 edn.). 19 vols. Taipei: Ch'i-wen ch'u-pan-she reprint, 1963.

I Ching, or Book of Changes, Richard Wilhelm transl. rendered into English by Cary F. Baynes. Bollingen ser. XIX. Princeton University press, 1967.

FANG PAO 方苞 . *Wang-hsi hsien-sheng nien-p'u* 望溪先生年譜 (Chronological Biography of Fang Pao), in *Fang Wang-shi chüan-chi* 方望溪全集 , *Ssu-pu ts'ung-k'an* 四部叢刊 edn.

FENG P'U 馮溥 . *I-chai Feng kung nien-p'u* 易齋馮公年譜 (Chronological Biography of Feng P'u), comp. by Mao Ch'i-ling 毛奇齡 , in *Hsi-ho ho-chi* 西河合集 , 1720 edn.

FLETCHER, JOSEPH. "V. A. Aleksandrov on Russo-Ch'ing Relations in the Seventeenth Century: Critique and Resumé" *Kritika*, VII (spring 1971), 138-70.

Flettinger MS. Notes written in Peking, 1688. Serial K.A. 1329, fols. 2319v-2324. The Hague: Dutch East India Company Archives.

FUCHS, WALTER. *Der Jesuiten-Atlas der Kanghsi-Zeit*. Peking: Fu-jen University, 1943.

Gherardini MS. Manuscript letters from G. Gherardini, dated Peking, November 1701, to his brother in Parma and friends in Paris and Nevers. London: PRO, catalogued under SP9/239.

GOODRICH, LUTHER CARRINGTON. *The Literary Inquisition of Ch'ien-lung*. New York: Paragon Book reprint, 1966.

GOTŌ SUEŌ 後藤末雄 . *Koki-tei den* 康熙帝傳 (A Biography of the K'ang-hsi Emperor), transl. from Joachim Bouvet, *Portrait historique de l'empereur de la Chine*, 1697. Tokyo, 1941.

GROOT, J.J. M. DE. *The Religious System of China*. 6 vols. Taipei: Ch'eng-wen reprint, 1969.

GROOT, J.J. M. DE. *Sectarianism and Religious Persecution in China: A Page in the History of Religions*. 2 vols. in 1. Taipei: Literature House reprint, 1963.

HAN T'AN 韓菼 , *Yu-huai-t'ang wen-kao* 有懷堂文稿 (Draft Collected Essays of Han T'an). N.p., 1703.

Kuo-fang yen-chiu yüan, 1961.
Ch'ing-shih lieh-chuan 清史列傳 (Ch'ing Dynasty Biographies). 10 vols. Taipei: Chung-hua shu-ch?reprint, 1962.
Ch'ing-tai i-t'ung ti-t'u 清代一統地圖 (China's National Atlas of the Ch'ing Dynasty; 1st edn., 1760). Taipei: Kuo-fang yen-chiu yüan reprint, 1966.
Chung-kuo i-hsüeh ta-tzu-tien 中國醫學大辭典 (Dictionary of Chinese Medicine), ed. by Hsieh Kuan 謝觀 . 4 vols. Shanghai: Shang-wu yin-shu-kuan, 1955.
Chu-san T'ai-tzu an 朱三太子案 (The Case of the Ming Prince Chu-san [lin 17080], in *Shih-liao hsün-k'an* 史料旬刊 (Collected Historical Documents), pp.20-2. Taipei: Kuo-feng ch'u-pan-she, 1963.
DEHERGNE, J. "*Fauconnerie, plaisir du roi*"(transl. by Louis Buglio). *Bulletin de l'Université l'Aurore* (Shanghai), 3rd ser., vol. VII, no. 3 (1946), pp. 522-56.
A Documentary Chronicle of Sino-Western Relations (1644-1820), comp. and transl. by Fu Lo-shu. 2 vols. A.A.S. Monographs and Papers, no. 22. Tucson: University of Arizona Press, 1966.
Du Halde, Jean Baptiste. *The General History of China*, transl. by R. Brookes. 4 vols. London, 1741.
Eminent Chinese of the Ch'ing Period 清代名人傳略 , ed. by Arthur W. Hummel. 2 vols. Washington, D.C.: U.S. Government Printing Office, 1943-44.
FANG CHAO-YING 房兆楹 and Tu LIEN-CHE 杜聯喆 .*Tseng-chiao Ch'ing-ch'ao chin-shin t'i-ming pei-lu* 增校清朝進士題名碑錄 (Listing, Supplement, and Index of Ch'ing Dynasty *chin-shih* Holders). Harvard-Yenching Institute Sinological Index ser., Supplement no.19. Taipei: Ch'eng-wen reprint, 1966.

ss, 1955.

CHANG LU 張璐 . *I-t'ung* 醫通 , *16 chuan*. Completed before 1705, printed in *Chang Shih i-shu* 張氏醫書 (The Medical Works of Chang Lu), n.p., n.d. Preface by Chu I-tsun, dated 1790.

CHANG PO-HSING 張伯行 . *Chang Ch'ing-k'o kung nien-p'u* 張清恪公年譜 (Chronological Biography of Chang Po-hsing), in *Cheng-i-t'ang chi* 正誼堂集 , 1739.

CHANG YING 張英 . *Nan-hsün hu-ts'ung chi-lüeh* 南巡扈從紀略 (Records from the Retinue on a Southern Tour), in *Chao-tai ts'ung-shu* 昭代叢書 , 5th ser., *chuan* 7.

CH'EN K'ANG-CH'I 陳康祺 . *Lang-ch'ien chi-wen, san pi* 郎潛紀聞三筆 (Collected Essays). 1883 edn.

CH'IEN CH'EN-CHÜN 錢陳群 . *Ch'en Wen-tuan kung nien-p'u* 錢文端公年譜 (Chronological Biography of Ch'ien Ch'en-chün), in *Hsiang-shu-chai chüan-chi* 香樹齋全集 , 1894 edn.

The Chinese Classics, transl. by James Legge. 5 vols. Taipei: Wen-hsing shu-tien reprint, n.d.

Ch'ing Administrative Terms: A Translation of the Terminology of the Six Boards with Explanatory Notes, transl. and ed. by Sun E-tu Zen. Cambridge: Harvard University Press, 1961.

Ch'ing Huang-shih ssu-p'u 清皇室四譜 (The Ch'ing Imperial Family: Emperors, Consorts, Princes, Princesses), ed. by T'ang pang-chih 唐邦治 . Taiwan: Wen-hai Ch'u-pan'she, Chin-tai Chung-kuo shih-liao ts'ung-k'an, no.71 (1966).

Ch'ing lieh-ch'ao hou-fei chuan kao 清列朝后妃傳稿 (Draft Biographies of Ch'ing Dynasty Empresses and Consorts), comp. by Chang Ts'ai-t'ien 張采田 . 2 chuan. 1929.

Ch'ing-shih 清史 (History of the Ch'ing Dynasty). 8 vols. Taipei:

參考書目

AHMAD, ZAHIRUDDIN. *Sino-Tibetan Relations in the Seventeenth Century*. Rome: Istituto Italiano per il Medio ed Estremo Oriente, 1970. (Also Index volume, comp. by Christiane Pedersen [Rome: I.I.M.E.O., 1971].)

BELL, JOHN. *A Journey from St. Petersburg to Pekin*, 1719-1722, ed. J. L. Stevenson. Edinburgh University Press, 1965.

BOSMANS, H. "Ferdinand Verbiest, directeur de l'Observatoire de Peking (1623-1688)." *Revue des Questions Scientifiques*, LXXI (1912), 195-273 and 375-464.

BOUVET, JOACHIM. *Histoire de l'empereur de la Chine*. The Hague, 169; reprinted Tientsin, 1940.

BRETSCHNEIDER, EMILII VASIL'EVICH. *Botanicon Sinicum: Notes on Chinese Botany from Native and Western Sources. 3 vols., Journal of the North China Branch of the Royal Asiatic Society*, new ser., XVI, XXV, XXIX.

BRUNNERT, H. S., and V. V. HAGELSTROM. *Present Day Political Organization of China*, Eng. transl. by A. Beltchenko and E. E. Moran. Shanghai, 1912.

CH'A SHEN-HSING 查慎行 (compiler Ch'en Ching-chang 陳敬璋). *Ch'a T'a-shan nien-p'u* 查他山年譜 (Chronological Biography of Ch'a Shen-hsing), in *Chia-yeh t'ang ts'ung-shu* 嘉業堂叢書, 1918.

CHANG CHUNG-LI. *The Chinese Gentry: Studies on Their Role in Nineteenth-Century China*. Seattle: University of Washington Pre

歷史與現場 224

The Emperor of China: Self Portrait of K'ang-hsi
康熙：重構一位中國皇帝的內心世界

作　者—史景遷（Jonathan D. Spence）
譯　者—溫洽溢
主　編—湯宗勳
責任編輯—林　淳
封面設計—Poulenc
行銷企劃—劉凱瑛
董事長—趙政岷
出版者—時報文化出版企業股份有限公司
108019台北市和平西路三段二四〇號四樓
發行專線—（〇二）二三〇六—六八四二
讀者服務專線—〇八〇〇—二三一—七〇五
（〇二）二三〇四—七一〇三
讀者服務傳真—（〇二）二三〇四—六八五八
郵撥—一九三四四七二四時報文化出版公司
信箱—10899台北華江橋郵局第九十九信箱
時報悅讀網—http：//www.readingtimes.com.tw
電子郵件信箱—books@readingtimes.com.tw
人文科學線臉書—http：//www.facebook.com/jinbunkagaku
法律顧問—理律法律事務所　陳長文律師、李念祖律師
印　刷—紘億彩色印刷有限公司
初版一刷—二〇一五年七月三十一日
初版五刷—二〇二三年十一月二十八日
定　價—新台幣三〇〇元

康熙 : 重構一位中國皇帝的內心世界 / 史景遷
(Jonathan D. Spence)著 ; 溫洽溢譯. -- 二
版. -- 臺北市 : 時報文化, 2015.07
面 ; 公分. --(歷史與現場 ; 224)
譯自 : The Emperor of China: Self Portrait
of K' ang-hsi
ISBN 978-957-13-6319-6(平裝)

1. 清聖祖 2. 傳記 3. 清史

627.2　　　104010975

The Emperor of China
By Jonathan D. Spence

ISBN 978-957-13-6319-6
Printed in Taiwan